孔茗 —— 编著

格桑花开

西藏基础教育案例及分析

清华大学出版社
北京

本书封面贴有清华大学出版社防伪标签，无标签者不得销售。
版权所有，侵权必究。举报：010-62782989，beiqinquan@tup.tsinghua.edu.cn。

图书在版编目（CIP）数据

格桑花开：西藏基础教育案例及分析/孔茗编著．—北京：清华大学出版社，2022.7

ISBN 978-7-302-60005-3

Ⅰ.①格… Ⅱ.①孔… Ⅲ.①基础教育—案例—研究—西藏 Ⅳ.①G639.2

中国版本图书馆CIP数据核字(2022)第020250号

责任编辑：王如月
装帧设计：于 芳
责任校对：王荣静
责任印制：丛怀宇

出版发行：清华大学出版社
　　　　网　　址：http://www.tup.com.cn，http://www.wqbook.com
　　　　地　　址：北京清华大学学研大厦A座　邮　　编：100084
　　　　社 总 机：010-83470000　　　　　　邮　　购：010-62786544
　　　　投稿与读者服务：010-62776969，c-service@tup.tsinghua.edu.cn
　　　　质量反馈：010-62772015，zhiliang@tup.tsinghua.edu.cn

印 装 者：三河市国英印务有限公司
经　　销：全国新华书店
开　　本：170mm×240mm　　印　张：16　　字　数：228千字
版　　次：2022年7月第1版　　印　次：2022年7月第1次印刷
定　　价：69.00元

产品编号：085200-01

感谢清华大学、清华大学研究生支教团和西藏军区拉萨八一学校的支持。

感谢国家自然科学基金委(项目批准号:71902103、71972118)的支持。

感谢山东大学管理学院"全球战略与领导力"一流学科团队的支持。

前　言

用心浇灌，静待花开

2016年底，本该准备博士毕业的我申请延期，加入了清华大学第十九届研究生支教团。2017年7月到2018年6月，我在西藏拉萨支教，为期一年。也正是这一年，让我懂得了自己生命的意义在于让他人的生命更有意义。

在您阅读本书之前，我想先讲三则我在西藏亲身经历的小故事。

第一个故事：

李玉新老师，是西藏军区拉萨八一学校的数学老师。她生在西藏、长在西藏、学在西藏，大学毕业后便在八一学校教书，如今已到快退休的年纪了。因为拉萨气候的无常，她时常感冒，还患有很严重的支气管炎，经常需要输液。有一次，我陪她输液，她接了一个电话。挂断电话后，她神色凝重地叫护士给她拔针，而且是立刻！我问她为什么。她焦急地说："我的学生病了，我得回去送他去医院。"那一刻，我的眼泪就在眼眶里打转，很想对她说："你自己也病着啊！"

第二个故事：

2017年5月，我和在西藏工作的几位老师结伴去珠穆朗玛峰。我们从拉萨出发，开了两天的车才到达海拔5200米的珠峰大本营，一路上大家互相照顾，很是温暖。到达大本营的时候已是夜晚，夜晚的气压更低，我和老师们都需要吸氧才能维持基本的呼吸。可能是气候和气压的突然变化，一位刚刚大学毕业的女老师突然来例假了。李秋枫老师得知后四处帮她找卫生用品，可是，珠峰大本营只有简陋的几顶帐篷供游客休息，而最近的商店或小卖部距离我们扎营的地方需要一整夜的车程。后来，李秋枫老师找到了帐篷的女主人，女主人说："我不要钱，如果你想要，可以换……可以用你身上的这件黄色羽绒服和我换！"我清晰地记得，当时李老师二话没说就把刚买的羽绒服脱给她换了。

第三个故事：

有一天早上，很早——距离上课还有半个多小时——我的同事给我打电话说："孔老师，你快到办公室来吧，有个男孩儿等你好久了！"虽然是高海拔，我还是跑着到了办公室。一推门，原来是刚上小学三年级的马占华。这个个子不高、脸蛋儿被冻得通红的小男孩儿走到我面前，略显笨拙地打开书包，掏出两个大苹果对我说："老师，这是妈妈今早给我带的水果。我听见你咳嗽了，吃了这个，很快就好了……"当时，我紧紧地抱住了他！

第一个故事，让我体会到"好老师的心里，学生很重要"。
第二个故事，让我体会到"好老师的心里，同事很重要"。
第三个故事，让我体会到"学生的心里，好老师很重要"。

也正是这三个故事，让我有动力和责任开始这本书的编著。

在西藏支教的这一年，我见到了很多好老师，他们兢兢业业、任劳任怨，精心培育着祖国边疆的"格桑花"。在西藏，还有很多好学生，他们积极认真、踏实勤奋，向着品学兼优的方向不懈努力。但，教育思想的相对保守和教育方法的相对落后，是西藏教育特别是西藏青少年教育不容忽视的问题。针对这一问题，我邀请了部分在藏工作多年的优秀教师一起编写了这本书：

《格桑花开：西藏基础教育案例及分析》。

在本书中，您会读到由西藏教育一线的教师编写的教育管理真实案例，他们中的绝大多数是在西藏从事教育工作多年的资深教师。有些案例描述了藏族青少年的独特性以及汉族老师和藏族学生相处的方法；有些案例描述了教师如何激活和引导学生以及如何帮助学生战胜学习和生活的困难；有些案例描述了老师在教育和帮助学生的过程中，如何言传身教、循循善诱，甚至斗智斗勇；还有一些案例描述了像西藏的天空一样纯净和美好的师生情……您还会读到学者们从教育学、管理学和心理学等方面对每个案例做出的科学、严谨的分析和解读。有些是从现象本身出发的，比如刻板印象、感知差距、同理心建设等；有的是从理论应用的角度展开的，比如自我决定理论、社会学习理论、社会交换理论等。总之，希望这些案例的描述及其解读，能给未曾到过西藏却希望去那里任教的教师提供了解学生和思考教学的平台，能够帮助已经在西藏从事教育工作的教师继续打好提升自我、影响学生和贡献社会的基础，并且为教育质量的另一个重要保障力量——家长——提供参与教育和共同成长的方法。

纵观全书，从教育立德树人的效果和效率出发，本书分为6章。

第一章 因材施教 这一章案例集中体现了在西藏求学的青少年这样或那样的特性，也描述了教师们采用的有针对性的教育教学方法：温和陪伴、负向激励、榜样塑造和及时赞美等。总之，用心、用情、用力地呵护青少年成长的点滴。

第二章 价值塑造 价值观是学生成长过程中逐渐树立的认识事物、辨别是非的思维方式。这一章着重说明了青少年价值塑造的目的、意义、方法和挑战，希望通过这一塑造过程，让每个学生都相信自己能够为社会创造价值、做出贡献。

第三章 激励成长 激励是贯穿教师职业生涯的主题，也是教育管理中的核心环节。在这一章里，通过分享"正向激励"和"负向激励"的案例并解读其原则与方法，介绍了如何调动学生的学习热情、激发学生的昂扬斗志以及如何引导学生战胜困难和挑战。

第四章　有效沟通　对于教师而言，每天几乎都要把大量的时间用在与学生的沟通上。这一章，通过案例介绍了沟通的多种形式，比如语言沟通、文字沟通、形体沟通等，激发和提升教师的同理心和共情能力，通过传递信息，达成师生的共识和共通。

第五章　评价反馈　学生十分在意教师对自己的评价，这种在意的程度有时超出了教师的想象。在这一章的案例中，有及时反馈，也有延时反馈，有正向反馈，也有负向反馈。通过解读引导教师培养一双慧眼、一颗慧心，及时发现学生的进步或问题，有针对性地提出建议和意见，并指导学生展开自我反省，找到进步的方向和方法。

第六章　环境影响　教育是教师用灵魂影响学生灵魂的过程，而这个影响的过程必须有其"土壤"。通过这一章的案例介绍及分析，帮助教师明白：教师既是教育环境的营造者，也是主要维护者。也就是说，建设健康、高效、可持续的教育环境，教师是最主要的力量。

参与本书案例撰写的成员主要是来自西藏教育一线的教师：西藏军区拉萨八一学校的张勃、覃敏、代伟、李秋枫、李玉新、代杰燕、黄雁、赵然、尚雅曼、代丹、伍帅、刘伟、高羽清；拉萨中学的龙海风、王征军；拉萨第八中学的邓鸿、吴彤；拉萨第二高级中学的骈英豪；拉萨特殊教育学校的边巴仓决、多吉次仁、林利华、张盼盼；拉萨那曲第一高级中学的李明星；拉萨达孜区中学的金花；日喀则拉孜高级中学的加央曲培；日喀则上海实验学校的任冬梅；河北省辛集市清河湾学校的援藏教师张梦伟；深圳市龙华区华南实验学校援藏教师孙国林和安徽省芜湖市芜湖七中援藏教师朱传弟。感谢在案例分析过程中集思广益、贡献智慧的上海交通大学的林芳竹、卢雅华和山东大学的徐丹丹、李好男、梁正强、徐文箫、辛丽。

感谢清华大学出版社对本书付出的辛勤劳动，特别是王如月老师。一个清晨，素昧平生的我们坐到了一起，从一本书谈起，谈到了这本书的构思和写作，谈到了这本书的内容和意义，谈到了西藏教育的现状和未来，谈到了一个编辑老师和一个年轻学者的情怀和信仰——因为这本书，我遇到了一位良师益友。

这本书的编写历时近三年。虽然我们和所有的参与者都投入了大量的时间和精力，但是，在撰写的过程中难免会有不当之处。如果有意见或建议，请您和我们联系。谢谢！

孔茗

2021 年 4 月 1 日

目录

第一章
因材施教

老师跟你学藏语 /003
老师的吸引力 /009
精准管理 /013
被补偿的"爱" /018
适合你的才是最好的 /023
你还可以更好 /027
我爱我的工作 /032
小结 /036
关键词 /039

第二章
价值塑造

穿长袖衫的孩子 /043
寒门学子的读书梦 /048
小飞,我想对你说 /052

妈妈——多么温暖的称呼 /057
你的青春期，我的成长期 /063
"睡神"的逆转 /068
探望 /072
小结 /078
关键词 /081

第三章
激励成长

带着爱前行 /085
你的闪光点，老师看得到 /095
好学生是夸出来的 /099
走过弯路的学生 /103
一个苹果 /109
几个小故事 /113
小结 /119
关键词 /122

第四章
有效沟通

奔跑的藏羚羊　　　　　　　　　　　/127
老师愿意听你说　　　　　　　　　　/134
青春不迷茫　　　　　　　　　　　　/139
你不说，我也懂　　　　　　　　　　/144
毕业后，我收到了他的新春祝福　　　/148
每一段青春都是限量版　　　　　　　/154
感恩心与平常心　　　　　　　　　　/158
小结　　　　　　　　　　　　　　　/162
关键词　　　　　　　　　　　　　　/165

第五章
评价反馈

从40分到106分的成功逆袭　　　　　/169
走出孤独，微笑前行　　　　　　　　/175
亚琼的"考前综合征"　　　　　　　/180
爱走神的女孩　　　　　　　　　　　/184

耐心守候，静待花开	/188
拥抱成长，牵手前行	/193
小结	/198
关键词	/201

第六章
环境影响

离藏前的"不速之客"	/205
书包里的"武器"	/212
少年洛桑的成长故事	/217
多一点用心	/221
学习成绩很好的"问题少年"	/225
牵牛花开，同样精彩	/230
小结	/235
关键词	/238

参考文献	/240

第一章

因材施教

个体是独特的，拥有独特的人格、态度和行为等。处于青少年阶段的学生更是如此，他们充满了蓬勃的精力和各种新奇的想法，用内心炙热而纯净的火焰指引下去寻找属于自己的闪光点。面对这样一群独特而又有力量的个体，教师需要用慧眼和巧心来因材施教。

在教育管理中，"因材施教"的"材"是指不同特质、不同态度及不同能力的学生，教师需要用慧眼洞察每位学生的特点，了解他们真实的情况；而"教"则是指针对不同的"材"，教师需要用巧心制定教育教学方法，满足学生不同的需求。这一章案例中的学生均有这样或那样的独特性，他们的老师则对他们采用了有针对性的教育教学方法，或温和陪伴，或负向激励，或榜样塑造，或及时赞美……总之，教师用慧眼和巧心，用情、用力地呵护着青少年成长的点滴。

老师跟你学藏语

西藏军区拉萨八一学校　李玉新[1]

那是一张定格在 20 世纪 90 年代初的照片。

记得那是我大学毕业后第一次接任初中班主任，班里有位瘦小、不合群的藏族小姑娘，我在给班级上第一节课时就注意到了她。我发现她低着头不听课，于是便提问了她。她慢慢站起来，依然低着头不吭声。我再次重复问题，她只是茫然地抬了抬头，但依旧是不回答。渐渐地，我发现这个孩子不仅学习基础薄弱，而且很内向，几乎没有朋友。无论是课堂提问还是课下谈心，她总是低着头不吭声，用这种"拒人于千里之外"的态度来表达强烈的抵触和对抗。

一天，放学时，同学们都赶紧收拾好书包，成群结队地回家了。很快，教室里安静下来，只剩我和她两个人。只见她坐在座位上，慢条斯理地往书包里一本一本地装书，我走过去，问："琼达[2]，你不着急搭班车回家吗？"她跟没听见一样，仍然保持着之前的速度，慢慢地收拾着书包。

---

[1] 李玉新，女，苗族，西藏大学数理系大专学历，原西藏军区拉萨八一学校中学高级教师，已退休。

[2] 本书案例中所出现的姓名均为化名。

"老师问你话呢，你没听见吗？"我的音调高了些。

此时，她眼睛看着书包，面无表情地从嘴里挤出一个字："要。"

我深深地吸了一口气，在她面前坐了下来，问她："你是不是不喜欢老师？为什么不愿意和老师说话呢？"

"没有。"虽然只是两个简单的字，但这次她的回答没有迟疑。说完这两个字，她背上书包，低着头慢慢走了，看都没看我一眼……

此后，我开始特别留心这个孩子，发现她几乎不听课，偶尔看黑板，眼神还是那样空洞飘忽。课间，她也不会跟别的同学一起结伴玩耍，除了去卫生间，其余的课间几乎都坐在座位上发呆或玩自己的手指，仿佛周围一切都与她无关。

面对这种情况，我心中暗自着急，却一直找不到突破口。时间就这样在焦灼与茫然无措中流逝着……

一天放学后，我收拾完东西走出校门，远远地看见好似琼达的一个瘦小女孩蹲在隔壁单位的围墙根下。我快走几步，发现果然是琼达——她手里拿着一根小木棍在地上心无旁骛地慢慢画着什么……我走近她，轻声问了一句："琼达，你怎么不回家？"她没有像我预测的那样惊讶和抬头，似乎什么都没听见，沉浸在自己的世界里，依旧低着头漫不经心地画着。我慢慢蹲下来，盯着她画的画，那是一些简单的、看不出意图的、横竖交错、或弯或直的线条。不知道为什么，我突然感受到了她的孤独与无助。

沉默片刻，我用藏语问她："འདི་ག་རེད（这是什么）？"

琼达突然抬起头，目光中写满惊喜："老师，你会说藏语？！"——这是前未有过的语速和音调。我迎着她的目光——这是第一次闪现出的明亮无邪的目光——"老师在西藏长大，学过一点简单的藏语。"我赶紧回答。这一次，她脸上居然露出了浅浅的笑容，那笑容是那样美丽。

"真的？那这个怎么说？"她指着路边的电线杆问我。

我老实承认："这个，我还真不知道，只知道电的发音是'གློག'。"

她好像被激活了一样，立刻纠正我的发音。随后，我们就这么一教一学地聊了起来，笑声慢慢洋溢开来，空气变得柔软了。我见气氛融洽，不失时机地问她："琼达，你以前是不是不喜欢老师？"她突然收敛了笑容，慢慢地低下了头，不吭声了。

"你是不是也不喜欢和同学们一起玩？"我追问。

"没有同学愿意跟我玩，没有人喜欢我……"她终于低声正面回答这个问题了。

我急忙说道："怎么会没人喜欢你呢？难道爸爸妈妈不喜欢你吗？"

她突然顿住了，低下头，小声说："爸爸妈妈喜欢我。但是我爸爸没文化，是工人，工资低。妈妈没有工作，家里还有姐姐。爸爸在单位被别人看不起，我在学校被同学看不起。"

一时间，我有些无所适从了——看着她那身朴素的、已经很旧的衣服，想着班上80%以上学生的家长都是团职以上职务的干部——她的家境的确显得不太好。我想了想说："如果真有同学这么看待你，那是他们不对。如果你爸爸单位的叔叔阿姨也这么看待你爸爸妈妈，他们也不对。因为，人与人是平等的。再说，大家也许并不像你想象的那样，是你自己多心了呢？比如老师就很喜欢你啊！"

"可是我成绩不好，上课听不懂，作业也不会做。我一回答问题他们就笑我，我也问过他们题目，但他们都不愿意给我讲，还有人笑我笨。"说着，她眼角闪现出泪花。

我心中掠过一阵酸楚："真有这事？老师会批评他们的。再说，就是因为不会我们才要学啊。听不懂就问，没有谁天生什么都会。你要好好学，给爸爸妈妈争气，给自己争气！你要证明给别人看，你也能学好！"她慢慢抬起头，眼神里有迷茫、有为难，但也有思索。

见此情形，我急忙说："老师帮你，我们一起努力，好吗？来，我们拉个钩！"

她稍微犹豫了一下，向我伸出了手："拉钩上吊，一百年不许变！"

这次偶遇印证了我对琼达的认识：这孩子因为汉语基础非常薄弱、家庭条件不好而严重自卑,从而封闭内心,排斥他人。在后来的课堂上,我总是会提一些非常简单的问题问她,让她能回答出来,增强她的自信心;也偶尔向她请教一些简单的藏语发音,使她感受到自己存在的价值;同时,与任课老师交流沟通,得到了大家的一致支持。

渐渐地,她有了朋友,脸上的笑容多了,开始拿着书本问一些简单的问题了。

初中毕业典礼那天,她来找我,递给我一个小纸包,羞涩地说:"老师,这是我种的格桑花的种子,送给您!您把它种在院子里,开花可漂亮了!"

20多年过去了,如今,那包格桑花种子开出的花朵已经开遍了校园的每一个角落。阳光下,格桑花映着湛蓝的天空,那么朴实,那样绚丽。

案例分析及教育管理建议

在以汉语教学为主的课堂上，案例中的主人公琼达时常感觉到吃力。这不仅影响了她的学习，还阻碍了她与他人的正常交流。这些打击了琼达的自信心，使她用"厚重的壳"封闭了自己"柔软的心"，不愿踏出一步。

对于这类有独特成长背景和性格特征的学生，教师一定要有足够的耐心，用真诚的行动和关怀走进学生的内心世界。

首先，教师应该找准与内心封闭的学生交流的时机，寻找共同话题调动学生情绪，与学生拉近心理距离。教师要善于观察学生的行为，从中找出能调动学生情绪的关键因素。如该案例中，教师偶然发现琼达蹲在地上画一些线条，从中感受到了琼达内心的孤独与无助，并以此为契机与琼达找到共同话题，以一句简短却不失真诚的藏语打开了琼达的心扉。教师也可以举行各种各样的活动，通过让学生参与活动激活他们的情绪，发现通往学生心灵的通道，用真诚打开紧闭的心扉，帮助自己更好地与学生沟通。

其次，很多时候沟通意愿低下是学生自卑的体现，而来自亲密关系的肯定、鼓励和赞美能够有效缓解学生的自卑心理，特别是教师给予的积极评价和正面引导能够帮助学生建立高质量的自尊和自信。通过及时表扬与赞美学生优秀的表现和品质，使学生体会到教师的关注与肯定要注意，提升学生的自我接纳和认可度。教师的表扬应当是具体的、可信的，要针对学生的具体行为而不是一般的良好表现。此外，教师还可以通过向学生传达积极的期望帮助其树立自信，例如案例中教师向琼达传达她能学好的期望，打破了她自卑的壁垒。

　　同时，教师可以尽量公开表扬学生，改变学生在同学中的固有印象，让学生能更好地融入集体。除此之外，鼓励并组织同伴辅导也是增进学生友谊的有效手段。教师可以为学生创造此类交流环境，这样既能促进双方学业进步，迅速提高语言不通的学生的汉语水平，又有助于消除学生之间的偏见，营造和谐友爱的班级氛围。

　　最后，一个人的自信常常来自不断取得的成功。教师要善于运用期望理论，助力学生通过取得学业成功增强自信。对于基础薄弱的学生，教师要为他们设置合适的学习目标，并在学生完成目标后及时给予积极正向的反馈，提高学生的自信，增强学生学习的内在动力。

老师的吸引力

安徽省芜湖市芜湖七中　朱传弟[1]

小西是一个着实让老师头痛的学生。

高一时，他成绩排名倒数，学习习惯差，经常被批评，教室门口罚站是常事；上课不认真听讲，做各种小动作，成绩一塌糊涂；爱和老师顶嘴，故意扰乱课堂纪律；曾与同学打架被记处分，至今仍未消除。

高二开始，小西进入文科一班，班主任清楚这是"榜上有名"的问题学生。

小西的家在拉萨市区，父母在拉萨某公司上班，他是家中独子，有一个正常圆满的家。不知为何，他对学习一点不上道，也不遵守学校的管理制度。

班主任留意到这个特殊的学生，在组建班级时，对全班同学说："新学年伊始，一切重新开始，我们要忘掉过去对彼此的看法，一切向前看，将每一位同学都当成新同学，用新的目光认识自己，给自己一个重新开始的机会，用欣赏的态度去对待身边每一位同学。"

---

[1] 朱传弟，女，汉族，陕西师范大学教育硕士，安徽省芜湖市芜湖七中高中语文中教一级教师，曾为西藏民族大学附属中学援藏教师。

小西听了心里暖暖的。

其实，班主任知道小西分到自己班上时，就想好了一系列"针对他"的策略。首先，故意表扬他。小西虽然上课有小动作，但是基本能跟上老师的思路，悟性高，上课的整体状态不错。其次，改善同学们对他的评价。班主任和班干部聊天时特意提到小西并称赞他。例如，学习基础好，字写得好，上课认真听讲，班主任还故意提到任课老师都说他近来表现不错。小西得知老师对他的评价这么高，备受鼓舞，变得积极主动起来。

开始时，小西上课仍会迟到，并只在班主任的课和欣赏他的数学老师的课堂上积极表现。后来，小西迟到的次数越来越少，在每门课上，都能认真听讲，遵守秩序，课堂表现明显积极起来。

小西越来越喜欢班主任，偶尔会跑过来拉住班主任的胳膊，但什么也不说。有时父亲来看他带来零食，他也要拿来与班主任分享。班主任觉得这学生不像传言中性格乖僻，只是比较率性，单纯善良，渴望被认同。班主任还发现了他多才多艺，热爱音乐，尤其擅长弹吉他。

其实，小西只是一名再平常不过的渴望获得关注的学生，他所需要的是班主任的一份关心。尽管老师付出的仅仅是多一点关爱、多一点认同，但却对建立良好的师生关系具有重要意义，这既使老师获得学生的认可和好感，也给青春期的学生带来更多的自我肯定和自信。

成为有吸引力的老师，是每一名教师的"小"目标。

案例分析及教育管理建议

案例中的主人公小西高一时是个令人头疼的"问题学生",进入高二后,在教师的有效教学下,小西逐渐改变了过去散漫的学习作风,学习积极性显著提高。案例中教师的做法为我们教育这类学生提供了有效和宝贵的建议。

首先,在进行有效教学之前,教师要避免对曾经有过不良记录的学生形成刻板印象。刻板印象往往会使教师在面对学生时做出不公正的举动。如果学生感受到教师对待自己和他人所使用的声调、姿态以及其他非语言线索上的不一致,便容易产生自我放弃的消极态度,甚至对教师产生不满和排斥情绪。因此,身为教师,应当一视同仁,用公平、公正的心态对待每一位学生,让学生意识到教师对每个学生的重视程度是一样的。案例中,小西高一时有许多不良行为,但其高二班主任没有区别对待他,而是积极引导班级形成一种没有偏见的氛围,有效激励小西改正错误,改变自己。

其次,教师可以通过赞美所谓的"差生",唤醒他们对自己的良好期待,助其建立自尊心。苏联教育家苏霍姆林斯基曾经说过:"如果不发展儿童的个人自尊感,他的道德面貌就不能形成。教育的诀窍就在于抓住儿童的这种上进心和这种道德上的自勉。"依据认知失调理论,当一个人处于认知平衡状态时,不会产生痛苦的感觉,也不需要对自己的行为和态度做出改变。那些经常犯错却不知悔改的学生就是处在"破罐破摔"的认知平衡中,面对这类学生,教师要先打破他们对自己的固有认知,让学生对自己产生良好期待,从而让他们在意自己的行为,并不断矫正以达到良好的自我心理预期。

最后，教师应当给予学生充分的关注。青春期多数青少年非常看重同伴群体，渴望被同伴接纳和认可，为此可能会做出一些与众不同的行为来博得关注。教师要让学生意识到这种做法并不能帮助他获得同伴的认可，教师应引导学生以自己优秀的表现赢得他人的肯定，以改变学生的错误认知，减少学生的不良行为。

精准管理

西藏拉萨市第二高级中学　骈英豪[1]

这学期，我们班转来一个学生——旦增热桑。他是从隔壁班转来的，在此之前，隔壁班老师一脸严肃地告诉我："这个学生，不好管。"

果不其然，没过多久，旦增热桑的问题就开始出现了。

有一天快下课的时候，我看到他把凳子横着放倒，坐在靠墙一侧，我在讲台上，只能看见他的脑袋。我仔细一看，小伙子靠着墙听我讲课，左手拿着一瓶饮料，右手抓着一把瓜子。我意识到了问题的严重性，下课时，把他带到了办公室。

我平时接触过这个学生，知道他多才多艺，歌唱得非常好，很善于调动气氛和大家的情绪；善于交际，虽然刚分来不久，但和班里学生关系很好；性格比较外向，不怎么怕老师。针对这种情况，我感觉单纯地靠老师的威严，让他表面认错服软是不行的，必须通过细致的思想工作，让他从内心认识到错误。

进入办公室，他感觉情况不对，开始一个劲儿地向我小声说："老师，我

---

[1] 骈英豪，男，汉族，西藏大学文学院历史系学士，拉萨市第二高级中学教师。

错了，我错了。"我因势利导，问道："你错在哪了？"他愣了一下，回答道："我不该上课不听讲，不该吃瓜子。""你上课是不应该吃瓜子，这个问题怎么解决？"他说道："我保证今后上课不再吃零食，好好听讲。""那是你应该做的，"我接着说，"关键是这次的错误怎么解决？"他想了想，说道："我写检查，保证今后好好听课。"我摇了摇头，表示不认可。"我抄书，让我抄几遍就抄几遍。""让你抄100遍你也抄吗，你有那么多时间吗？"我问道。这次轮到他摇头了。"那怎么办？"我继续问道。他突然想起了什么一样，说道："我给大家买瓜子，还有饮料。"我不禁有点生气，质问道："你犯了错误，凭什么拿家长的钱给大家买东西呢？"他低着头不说话了。

于是我开始做思想工作。"旦增热桑，"我喊着他的名字，"把头抬起来，老师又没那么矮。"他抬头看着我，想笑又不敢笑。我一看他的情绪放松了，继续说道："你错在上课不遵守纪律，不尊重老师。这是你的错误，你承认吗？"他又低着头，点了点头。"那么你说这个错误应该怎么解决呢？"我问道。他摇摇头不吭声。"你自己犯的错误，需要自己来解决，这一点，你同意吗？"我看他点了点头，于是继续说道："所以你知道为什么老师刚才生气了吗？因为你犯的错误，却想要你父母替你分担，这是男子汉该做的吗？"他小声说了一句："不是。"我趁热打铁，继续说道："你刚才说写检查，我比较赞同。但是，你在全班同学面前没有尊重老师，那你是不是应该在全班同学面前作检讨，给老师道歉呢？"他抬起头，看着我，不吭声了。我知道他的性格，害怕在学生面前出丑，公开检讨对他来说是比叫家长还要严重的惩罚。但是我不为所动，和他对视着。终于，他把头低下了，表示愿意作检讨。

在课堂上，他低着头向大家作了检讨。说着说着，他自己忍不住，哭了起来。最后，他向我鞠躬致歉，回到了座位上。我走上讲台，看着学生们说道："旦增热桑同学上节课犯了错误。犯错就要承担后果，所以他这次作了检讨，认识到了错误。知错能改就是好学生，泪不要白流，要知错能改，知耻后勇。这次丢人了要记住，下次要把面子找回来。记住了吗？"下边的学生若有所思，有些回答知道了。这节课，我观察了一下，且增热桑虽然脸上还有泪痕，但是注意力集中了，记笔记也更加认真了。于是，下课后我又把他带到了办公室。

这次他的脸上满是迷惑，不明白我为什么又把他叫到了办公室——不是已经承认错误了，道歉了吗？我看出了他的疑惑，解释道："我这次叫你来，不是为了批评你，是要表扬你。知错能改，善莫大焉。你平时爱面子、爱表现，这次表现得怎么样？滋味不好受吧。"且增热桑害羞地笑了。我继续说着："滋味不好受，就要记住，吃一堑，长一智。这次在班里丢人了，不是坏事。要是你能通过这次教训，认真学习，这件事还能变成好事。记得我们上学期讲道家学派创始人老子的朴素辩证法吗？福兮祸所伏，祸兮福所倚。好好努力，下次你历史成绩能够提升10分，我在班里公开表扬你。我帮你把面子找回来！听懂了吗？"且增热桑脸上喜悦、激动和后悔的表情交织在一起，整个人的声音不自觉地提高了。他大声地喊了一声："好！"从那以后，在我的课堂上，他更加认真了，并且开始主动回答问题，学习有了很大进步。

教师要根据学生的实际情况进行教育和管理，不能"一招鲜，吃遍天"，更不能不管理。管理得好，学生学习就事半功倍；管理不好，正常的教学都可能无法进行。因此，像精准扶贫一样，我们的管理也要精准，要因人而异、因时而异、因事而异，不能"一刀切"，不能"大水漫灌"。管理要像"滴灌"一样，具体落实到每一个学生身上。这就要求我们把更多的时间和精力投入到学生当中去，要了解学生，揣摩学生心理，及时更新自己的观念。只要我们更加关爱学生，关心学生的学习成长，就一定能赢得更加优异的明天！

案例分析及教育管理建议

处在青春期的旦增热桑不仅不惧怕老师，还公然违反课堂纪律。面对这样一个有个性的学生，采取常规手段必然没有任何效果。案例中的教师充分注意到了学生的特点，采取精准管理的手段，针对旦增热桑制定了个性化措施，成功帮助旦增热桑改正错误，激发出他的学习动力。这样的做法值得学习借鉴。

首先，教师可以通过行为分析，找出学生不良行为的根源，对症下药。任何行为都有其产生的原因，面对学生的不良表现，教师要善于观察，把握学生的性格特点，找出原因。有时候，学生犯错可能是出于青春期的叛逆心理；有时候是因为渴望得到他人的关注；还有些时候则是认为自己的行为不会得到惩罚……针对不同的原因，教师要采取不同的手段，消除学生不良表现的强化物。

其次，教师可以采用提问的方式引导学生主动意识到自己的错误，加深学生的印象。当错误是由个体自己认知到而非他人指出时，通常会给个体留下更加深刻的印象，其对错误的认知程度也会更高。同时，教师要掌握"要求－承诺"策略，让学生主动改正错误，形成心理认同。例如案例中的教师循循善诱，通过询问旦增热桑自己错在哪儿，一步一步引导他认识错误。在提出如何解决错误的过程中，逐步提高要求，渐次获得旦增热桑的心理认可，成功使其做出公开道歉的承诺。这一做法抓住了旦增热桑爱面子的特点，最终取得了显著效果。

最后，对于爱面子的学生，教师可以充分运用这一特点，通过社会性强化，激发学生的学习动机。例如，当学生表现优异时，教师可以采取公开表扬的方式，让学生"有面子"，以此增强学生维持正确行为的驱动力。公开表扬同样也可以成为老师承诺学生的奖励，加之明确的目标设置，激励学生努力学习。如案例中教师承诺旦增热桑，如果他在下次考试中的历史成绩提高10分，便在班内公开表扬他，帮他找回面子，从而有效激发了旦增热桑的学习动力。

被补偿的"爱"

西藏军区拉萨八一学校　代伟[1]

晓宇是我们班上的一名汉族男生,他的父母都在西藏工作,家境殷实。小时候,晓宇因为感冒发烧医治不及时,导致身体有些残疾。他走路偏偏斜斜的,同学经常取笑他。入学以来,晓宇出现了一些心理障碍。为了表现出自己特立独行,他抽烟、喝酒、迟到、旷课并且不完成作业。因为这些问题,他初中阶段换过三所学校,曾经无数次逃学逃家……让老师伤透了脑筋。

晓宇的父母和爷爷在对待晓宇的违纪问题上,常常采取纵容态度。他们始终觉得亏欠晓宇,认为晓宇目前的身体状况是他们的失误造成的。平时,他们对晓宇溺爱有加,一味地给晓宇零花钱,无条件满足他物质上的需求,以此来寻得心理上的安慰和平衡,错误地认为这就是对孩子最大的补偿和爱。父母长辈的这种做法,在很大程度上助长了晓宇性格的乖张化,也为学校教育管理带来困难。

初中阶段的老师一说起晓宇,无一例外地摇头叹息。

---

[1] 代伟,男,汉族,重庆师范大学理学学士,西藏军区拉萨八一学校中学高级教师。

中考之后，晓宇进入了我们学校，被分到了我负责的班上。新班刚一组建，就有知情学生和老师向我说起了晓宇的以前，希望我能在晓宇的管理上多个心眼。刚开始，晓宇表现出积极进步的状态，学习和做事都比较认真，喜欢和老师套近乎。我给了他充分的信任与理解，希望能在新的学习阶段看到他真正的改变与进步。但有同学私下告诉我，晓宇这种情况只是假象而已，他一定坚持不了多久就会原形毕露，因为在初中时他就经常有这样的表现。

果不其然，开学一个月后，在一天下午的英语课上，英语老师发现他玩手机，要求他将手机交出来。他立即将手机藏起来，然后对老师说，不要影响其他同学学习，下课后自己会配合老师的处理，到时候再把手机交出来。英语老师看他说得诚恳，同时也不想耽误正在讲授的课程内容，就相信了他。等到下课铃声一响，英语老师再次走到晓宇身旁，要求他拿出手机。这时，晓宇竟然耍赖说手机不见了，无论英语老师怎么要求，晓宇始终说手机不见了，师生间就这样僵持着。最后，英语老师让其他学生把我叫到了教室。

我悄悄向其他同学了解情况。原来，晓宇在上课时将手机转移给了坐在后门处的哥们儿。一下课，手机已经被教室外其他班的同学带离了本班教室。晓宇被要求通知家长，家长到来后，事情仍然没有任何转机。他始终拒绝承认错误并交出手机，家长只得把他带回家。之后一星期，晓宇一直没有回学校承认错误。有同学说，他们看见晓宇每天在学校附近晃悠。原来，被家长带走的当天晚上，晓宇就从家里逃走了。第八天，晓宇的爷爷带着他来到了学校，陪晓宇来承认错误。学校做出纪律处分后，晓宇又回班级上课了。遗憾的是，这件事情之后，晓宇顽劣的本性不仅没有得到任何纠正，反而变本加厉。因为在过去的很长一段时间，他始终认为，即使自己犯了错误、违了纪，家长也会为他"摆平"，所以更加肆无忌惮，以至于最后的纪律处分达到了"留校察看一年"的地步。

这之后他确实收敛了一段时间。

好景不长，没过多久，他又表现出惯有的恶习。但现在的晓宇每一次违纪之后，特别害怕被老师和学校处理。他常常会在学校处理之前，做出更为过激的举动。有一次，在下午第三节课后的课间，他又往教室后面的围墙边走，被一个老师发现，估计他会去抽烟，于是这位老师跟着他，果然抓住了正在吞云吐雾的晓宇。即使在铁的事实面前，晓宇仍然矢口否认，拒绝承认自己抽烟了。在得知自己的违纪行为将会受到处分后，当天晚自习前，晓宇的表演又一次开始了。当着其他同学的面，晓宇拿起教室里的"84"消毒液装着要喝，被同学及时制止了。当然，这一切表演的成分居多。这件事情发生之后，我一直在思考，究竟怎样的管理教育，才会对晓宇有效果？

针对晓宇的情况，我与他进行了深入谈话。之后，我采取了针对性的教育方法，在可容许的范围内，宽容他的错误，不再将他的小错误通报学校，而是采取私下教育的解决办法，与他进行深入交流，了解他行为背后的原因，再有的放矢地采取相应的处理对策。这种柔和型的教育方式对晓宇的叛逆性格来说更为有效，如果采用激烈的处置方式则会适得其反，增加他的对抗情绪。就这样，晓宇的抵触情绪逐渐消失，能听进去老师的话了，对班级管理也有了积极配合的态度。

从此，我经常关心晓宇，并鼓励、挖掘他的优点，使他感觉到自己也是受人重视的。晓宇在学校的行为也逐渐朝好的方向转变。通过晓宇的情况，我认识到：没有天生的问题学生，只有不恰当的教育方式。家庭教育对于孩子的个人成长和性格塑造尤为重要。爱无罪，但要有度。补偿爱的方式不应是物质和纵容，不恰当的爱可能会毁了孩子的一生。

案例分析及教育管理建议

案例中的主人公晓宇由于小时候生病医治不及时的缘故落下身体残疾，因此经常遭受同学嘲笑，自尊心受损，做出叛逆行为。出于对晓宇的愧疚，其家人一味溺爱晓宇，只是无条件地满足孩子的物质需求，却没有为其身心健康成长进行正确的家庭教育。这让晓宇更加有恃无恐，性格乖张化。面对这种情况，教师要适当宽容学生，以柔和的教育方式感化这块"顽石"，帮助学生塑造健康的心理。

首先，教师应该与学生家长保持沟通交流，让家长参与学生的学习教育，帮助家长掌握正确的教育方式。教育孩子要从家庭开始，学生频频违反校纪校规，很大程度上是因为家长疏于管教或者管教不当。案例中晓宇屡次违纪却不知悔改，是由于家人的溺爱让他产生"不论我犯什么错，都会有人替我摆平"的想法，给了晓宇犯错的筹码。对此，教师应当与学生家长取得联系，让他们意识到溺爱不利于孩子的健康成长，要配合学校教育，帮助学生改正错误。

其次，教师要加强对学生的关注和引导，不仅和学生建立积极的、健康的关系，更要在学生健康成长的过程中发挥重要作用。在本案例中，取得晓宇的信任是至关重要的，依照人际互动法则，学生更愿意与自己信任的教师接触，向教师敞开心扉，这有利于教师对学生的整体状况的把握、教育和指导。但教师也不能急于求成，可以尝试着采用"慢慢走近、渐渐懂得"的"慢方法"，用真情和真心慢慢打开学生的心门。

再次，教师要积极发挥朋辈激励的作用。在学生成长的亲密关系中，同伴关系的作用越来越被关注和认可，对处于青春期的学生而言，来自同伴的关心、鼓励、认可和安慰能给予学生更贴心的温暖。特别是对于那些不太愿意听取教师建议的学生，同伴的作用是对教师作用的有力补充。

最后，面对自尊心受损的学生，教师应当积极发现他们身上的优点，多多赞美、表扬学生，帮助学生建立自尊心。案例中晓宇因为身体残疾遭到同学取笑而自尊受损，且青春期的青少年又十分渴望得到他人的关注和认可，最终导致晓宇做出一系列叛逆行为。通过教师的鼓励，晓宇体会到自己是受人重视的，渐渐朝着好的方向转变。

适合你的才是最好的

西藏军区拉萨八一学校 代丹[1]

小竹,老师最想对你说:"适合你的才是最好的。"

你是个努力的孩子,时常可以看到你认真学习的样子。你喜欢英语,第一次听你读英语,我就被你一口标准流利的口语所震撼。一次,同学们让你朗读海子的《面朝大海,春暖花开》英文版,你给了老师和同学们极大的惊喜——你把海子的诗编成了歌,唱了出来。

但是,你的英语成绩却不尽人意。好几次考试之后,你都闷闷不乐。我一看你的成绩也很吃惊,怎么平时那么认真刻苦的孩子,成绩却很不理想?

有一天,你一脸疑惑地问我,为什么你一直在努力地学,老师说的学习方法也试过了,花的时间比其他同学都多,但成绩仍然没有提高。你说甚至开始怀疑,每天所做的事是否有意义?

小竹,首先,老师想告诉你,你每天做的事看似没什么用处,但请相信,它是有意义的。其次,老师想对你说,学习方法有很多,但不是所有的学习方法都适合你;适合其他同学的学习方法,不一定对你也有用。

---

[1] 代丹,女,汉族,西华师范大学外国语学院文学学士,西藏军区拉萨八一学校中学一级教师。

我给你讲一个我高中时的例子吧。我读高中以前，一直不太喜欢数学，觉得数学特别难。上高中之后，在老师的指导下，我找到了适合自己的学习方法。买了好几个精装笔记本，开始分类整理各类数学题，比如解析几何、立体几何、概率题等。通过这样的整理归类，我觉得数学挺有意思，也没有那么难了。

小竹，你已经有过很多努力和尝试，现在最需要做的就是找到适合自己的学习方法。记住，适合自己的才是最好的。

我说完之后，你很真诚地点着头，我相信你的努力一定会有成果。

果然，过了一段时间，你又找到我。这次你的脸上没有了疑惑的表情，而是高兴的样子。你对我说，你发现背单词加上做练习对英语学习很有帮助，现在做题的正确率有所提高；你说，有好多题老师不讲的时候，总是想不到，但一讲就全明白了；你还说你会继续努力的。看着你脸上的笑容，老师真为你感到高兴。

你在英语听力和作文方面的进步最为明显。30分的听力，以前，你只能得15分左右。经过你的努力，现在基本能得20多分，做得最好的一次是27分。你的作文也在不断地进步，你把平时积累的好句子很恰当地应用到了写作中。在最近一次考试中，你考了80多分。你高兴坏了，跑来告诉我，说这次考试你进步了30多分。

难能可贵的是，在高兴之余，你又开始总结了。你说，你做题的速度太慢了，有道题没时间做，最后乱猜的；你说，平时多做题、多练习真的很有用；你说，平时背诵范文对你很有帮助；你说，自己的词汇量太少了，得多积累点单词……你滔滔不绝地说着，让我看到了一个找到自我的你，那一刻的你光彩夺目。

小竹，适合你的才是最好的，这是老师最想跟你说的话。而你，做到了。

案例分析及教育管理建议

案例中的主人公小竹虽然努力学习，但英语成绩始终没有提高。这种自我预期上的落差导致小竹开始怀疑自己，自信心严重受损。面对这种情况，教师应该及时鼓励学生，帮助学生找到症结所在，恢复自信，取得学业上的成就。

首先，教师应该肯定学生的努力，避免学生陷入习得性无助。习得性无助会让学生产生深深的无力感，似乎自己生来就是失败的，什么也做不好，进而对自己的能力产生严重怀疑。这种"防御性的悲观主义"会阻碍学生取得学业成就。教师一定要注意预防学生产生习得性无助，及时给予学生反馈，肯定学生努力的意义。

其次，教师可以为学生寻找身边与之有类似情况的榜样，增强学生学习的动力和信心。人们通常能从榜样身上汲取力量，榜样的存在让我们预见到自己未来有可能达到的高度，从而可以激励我们不断前进。案例中，教师以自己高中经历为例，将自己塑造成小竹身边的榜样，帮助她树立"别人能做到，我也能做到"的信心，有效减轻她对自己产生的怀疑，坚定她继续努力的信念。

再者，教师应该引导学生寻求适合自己的学习方法，提高学习效率。努力是成功不可或缺的因素，但是，如果没有找到正确的方法，也无法踏上通往成功的道路。努力学习固然重要，但若没有适合自己的学习方法，就会像无头苍蝇一样乱碰乱撞一无所获。对于内在学习动机强的学生，教师可以采用"自主学习"的方式，教授他们自主学习的策略，引导学生掌握内化心理技能，帮助学生成为有效的学习者。同时，教师应当教会学生总结反思自己的学习情况，为下一阶段的学习制定更具针对性的目标。明确具体的目标已经获得了一半的成功。

最后，教师要向学生传递积极的期望。学生的表现通常会提高或下降到与教师对他们的预期一致的状态。在学生能力一定时，向学生传递积极的期望有助于学生提高学业成绩。案例中，教师相信小竹的努力一定会有成果，这种积极的期望不仅可以帮助小竹恢复自信，还能激励小竹取得学业成就。

你还可以更好

西藏军区拉萨八一学校　高羽清[1]

在我 16 年的教学生涯中，总有一些模糊又清晰的面庞在脑海中闪现。我清楚，那是一张张可爱的脸。他们陪伴我在黑夜中前行，让我更加深情地热爱生活。大学刚毕业时的我，是一个青涩的"大孩子"，懵懂地走上了班主任的工作岗位。的确，我还没准备好。

小灿，以一个问题学生的身份出现在了我的班级。他上学总是迟到，作业总是不能按时完成，班级活动总是不愿参加，找他谈话时总是沉默……

那时，我有一腔热情，却也只有一腔热情。我像一个笨拙又固执的孩子，跟他铆上了。我总是紧盯着他，稍有一点错误，就把他喊进办公室，一副非要他低头认错的面孔。

首先，我要求他必须标准地站在办公室里——脚后跟靠拢，两臂下垂，中指贴在裤缝上。然后，我开始口若悬河，咄咄逼人。但是小灿却总是心不在焉，"标准姿势"一会儿就变了样——耷拉着脑袋，手不自觉地摆弄着脖子上挂的那根脏得已经发黑的系钥匙的红绳，还不时踢踏着油腻泛黄的球

---

[1] 高羽清，女，汉族，西藏大学汉语言文学学士，西藏军区拉萨八一学校中学高级教师。

鞋。任我狂风骤雨抑或和风细雨，他自岿然不动，保持沉默。结果，我们之间的谈话总是以这种"静悄悄"的尴尬方式收场。

在这场一个人发力的战斗中，我逐渐偃旗息鼓，没了方向。小灿依然我行我素：迟到、不交作业、懒散。月考到了，语文试卷的作文题目是"我心中的秘密"。孩子们纷纷在文中吐露心底的小秘密：打碎了家里的花瓶，偷穿了妈妈的高跟鞋，和小伙伴一起学着大人样吸烟……我不禁哑然失笑，孩子的世界，终究单纯可爱。

这时，小灿的试卷映入我眼帘，一如既往的歪斜的字体，脏兮兮的卷面，字数依然不够，但内容却让我脸上的笑容凝固："我的秘密像天上的星星，多得数也数不清，但我谁也不会说，我会把它们和我一起带到棺材里去……"我震惊了！一个初一的孩子，究竟经历了什么，会说出这样泄气的话。

可是，还没待我来得及真正地走近他，他就不再到学校上课了。望着教室中那个空空的座位，我的心里好像失去了什么。

经过多方打听和几番周折，我进行了教师生涯中的第一次家访。那是邮政系统里一幢老旧的职工宿舍。敲开门，一个矮小黑瘦的男人接待了我，他是小灿的父亲。当我说明来意后，他拘谨地邀请我坐下，费劲地来回搓着双手，嗫嚅着重复一句话："都怪我，都怪我……"

小灿的父亲不善言辞，在我们长时间的交流中，孩子的情况也逐渐清晰。小灿自小父母离异，跟随父亲生活。父亲是一名分拣信件的邮政工作人员，由于工作原因，父亲总是上夜班，小灿就经常一个人在家，一个人吃饭、做作业，一个人起床、上学。他父亲说："老师，我不怪学校，我自己的孩子我知道。他心思太重，有什么话都不说出来，我也不知道他脑子中到底在想些什么。有时他忘记带钥匙，既不会找邻居帮忙，也不会到车间来找我，就在家门口坐着。有次大半夜了，都还在家门口坐着……我，不称职呀！"他父亲还说，小灿这次是拿了家里的钱，到长途车站买了汽车票。据说他是去格尔木，然后转车去成都，去找他妈妈了。

我不知如何安慰眼前这个离异的男人、这位无助的父亲，只是重复地说着："我也做得不好。"我不知道当天自己是怎样回到学校的。

脑海中，那张简陋油腻的饭桌，那啃了一半的馒头，那一小碗干掉的咸菜，还有那耷拉在床头的污渍斑斑的校服，都在刺痛着我，是的，深深地刺痛着我。小灿那张漠然的、孤独的、忧伤的脸，一次次地闪现在我眼前。"他会有些恨我吧？""如果我早一点走进他家，早一点了解他的情况；如果在他出问题时我能耐心地请他坐下来，倾听他说话，哪怕只是轻轻地抚摸一下他的头或是给予一个肯定的眼神，或许这一切都不会是这样吧？或许，他要走的时候至少会告诉我一声吧？"可惜，没有如果。

后来，在我不断地与小灿及其父亲的沟通之下，小灿复学了。但这件事情依然在我心底留下了深深的烙印。它让我明白了，教育不是居高临下的指点，也不是盛气凌人的指责。它告诉我，教育首先是在帮助我们认识自己，孩子的纯洁和无私洗濯着我们愈加浮躁和功利的内心；教育是我们俯下身子和学生共同成长的过程；教育是春风化雨，润物无声。

在以后的日子里，我尽力做到"捧着一颗心来，不带半根草去"。我收获了学生的尊重与爱戴，于我而言，这是无上的荣耀，无价的财富。

案例分析及教育管理建议

案例中的主人公小灿自小父母离异,加之父亲工作繁忙,他缺乏父母的陪伴和关爱,长期处于独处状态。这使得他既没有合适的倾诉对象,也不懂得如何倾诉,在沟通中变得被动、沉默,内心负担沉重、极度缺乏安全感。而案例中的教师由于缺少教学经验,没有及时关注到小灿的需求和问题,导致与小灿的心理距离越来越远。

美国历史学家杜兰特曾说:"教育是一个逐步发现自己无知的过程。"面对初次教学失败,教师不必气馁,教育本就不是一件轻而易举便能成功的事,教师的教学经验需要漫长的积累。在教学过程中,教师应当学会自我反省,从宝贵的教学经历中发现自己的问题所在,不断改善教学方法。面对像小灿一样的学生,教师要更加富有耐心和爱心,积极寻找问题根源,而不是单纯地让学生认错。

首先,教师要多注意学生的情绪,做到"知情""定情"和"共情"。当学生犯错后,教师在批评学生时要先控制好自己的情绪,如果情绪过激,应当及时稳定情绪,避免将不满发泄在学生身上。同时,青少年的情绪具有内隐性这一特点,面对沉默不语的学生,教师更应认真观察学生的情绪变化,积极寻找其沉默背后的原因。换位思考是帮助教师了解学生的重要手段,教师应当富有同理心,思考学生可能存在的烦恼,运用试探性语言引导学生说出自己的困扰,拉近师生间的心理距离。

其次,教师多与学生家长沟通,向他们询问学生的成长历程,帮助自己发现问题所在。对于家庭纽带紧密程度低的家庭中的学生，教师应保持和其他家庭成员的交流与合作，共同给予学生更多关爱，减轻学生内心的孤独感。案例中，虽然小灿是个"问题学生"，但是教师不应该只是居高临下地指责学生，而是应当放低自己的身段，更加耐心地走近学生，和家长一起及时疏导学生内心的消极情绪。

此外，教师可以鼓励班级内进行同伴辅导与小组合作，尽量为这类学生创造集体活动的机会。集体活动可以帮助学生迅速融入同伴群体，舒缓内心的孤独与苦闷，重新激活希望。有效的同伴辅导和小组合作还可以让学生感受到来自同龄人的关怀，构建交流的桥梁，有助于学生向适合的倾诉对象诉说自己的烦恼。

最后，教师要激发学生学习的内生动机，帮助学生设置目标，激发他们对成功的渴望。例如，针对案例中的主人公小灿，教师可以提出一个合适的学习目标，然后依据小灿的需求给予相应奖励，从而激励小灿好好学习，改变其"破罐破摔"的态度。

我爱我的工作

西藏拉萨市特殊教育学校　边巴仓决[1]

这个世界上有一群折翼的天使,由于种种原因,他们无法像正常孩子一样去感受和认识这个世界。但是,他们对环境却比正常孩子更为敏感。他们十分渴望来自这个世界的关爱与温暖。

特殊教育工作者,正是这样一群人,用自己的爱去教导这些特别的孩子感受世界。我是一名教师,很多年前就对残疾孩子产生了强烈的怜悯之心。从那时起,我就很想成为一名特殊教育教师。我多次主动提出申请加入这一特殊行列。两年前,我终于从普通学校调到特殊教育学校,成为一名特教老师,并担任视障学生的班主任。那一刻,除了内心的欣喜,我感受到的更多是沉甸甸的责任。

从站上特殊教育学校的讲台开始,我不断学习新知识,不断完善自己。不到一年半的时间,我学到了很多特殊教育理论知识,也懂得了很多特殊儿童与普通儿童不一样的心理和认知。同时,我也深感自己肩上责任重大。

我一直有这样一个信念:教育可以改变特殊学生的一生!由于特殊学生

1　边巴仓决,女,藏族,中央广播电视大学西藏学院行政管理学士,拉萨市特殊教育学校中学一级教师。

存在身心的缺陷，这使得教师在教育的目标制定、内容选择和方法运用等方面，都要考虑他们身上的特殊性，并做出相对应的调整。也许他们并不能做到最好，但是他们至少可以过上简单的生活，从事一些简单的事务性劳动，成为"残而不废、自食其力的劳动者"。

作为一名班主任，我力求培养学生的自信心及自强精神，并且制定切实可行的针对特殊学生的心理健康教育计划。由于生理上的缺陷，特殊学生总是担心别人会嘲笑和讥讽他们。很多视障学生长久以来形成了自闭的倾向，个人的活动空间往往局限在室内，也不喜欢跟他人进行交流。因此，我常常利用各种机会引导特殊学生打开心门，重新接纳这个世界。我会以班队会为载体，以各大节日为契机，开展各种活动，从而帮助特殊学生形成健全的人格和健康的心理状态。我也会尽量创造培养学生特长的机会，挖掘学生自身的潜能。

对于盲人来说，他们的眼睛看不见，心却看得见。特殊学生的心理健康教育工作任重道远。我们要在教学实践中，多层面、多渠道地培养盲生的健康心理，扫除盲生的心理障碍，使盲生具有良好的社会适应能力。

在特教这条路上，我将会努力走得更远，为特教工作持之以恒地付出自己的努力。

案例分析及教育管理建议

案例中的主人公是一群比较特殊的学生，身体和心理上的缺陷使他们在学习时比普通学生面临着更加严峻的挑战。与此同时，由于身体残疾，这些学生总是担心会遭受别人嘲笑，因而将自己困守在一方角落，不愿与他人沟通交流，逐渐变得自卑和自闭。鲁迅说过："教育根植于爱。"面对这样一群折翼天使，教师更需要拿出自己的爱与关怀去呵护他们，帮助他们度过成长的阵痛，使其有能力独自面对外面的狂风暴雨，活出精彩的人生。

首先，教师要树立学生的自信，培养学生的健全人格。身体有缺陷的学生不可避免地遭受别人异样的眼光，这容易加深学生"我和别人是不一样"的自我认知，加深学生的自我否定情绪。要想真正摆脱这种自卑的情绪，需要学生从心里认可自己、接受自己。教师可以通过经常赞美、表扬学生的闪光点，向学生传达"你很优秀"的信号，不断暗示学生，潜移默化地增强学生的自信。同时，教师可以在班级举办心理健康讲座，引导学生爱自己、勇于接受自我的缺陷，帮助学生培养健全人格，塑造正确的价值观。

其次，学校可以开展各类有针对性的活动，在活动中锻炼学生，促进学生身心健康发展。例如，针对视障和听障学生，教师可以开展缺陷补偿性活动和社会适应性活动，让视障学生锻炼听力，听障学生锻炼视力，以帮助他们未来可以更好地适应社会。此外，教师还应帮助学生积极融入社会，通过组织社会实践，鼓励学生走出自我舒适区，感受外面世界不一样的色彩。

最后，教师要加强特殊学生的心理健康教育，关注学生成长中面临的问题。相较于普通学生，特殊学生的内心更加敏感、脆弱，也更容易产生心理问题。教师要多关注学生的情绪变化，及时对出现心理问题的学生进行疏导。学校也应当完善校内心理咨询途径，为学生提供可以倾诉烦恼与困扰的设施。同时，学校应加大校内心理咨询的宣传力度，加强校园文化建设，矫正学生对心理咨询的认知，避免他们在不了解的情况下产生排斥，进而拒绝接受心理咨询。

小结

　　琼达，基础薄弱，内心封闭。老师通过与她倾心交流并及时赞扬，打开了她的心扉。小西，成绩较差，调皮胡闹。老师抛弃偏见，并时时关注他的行为，帮助他减少了不良表现。小灿，上学迟到，沉默寡言。老师虽有一腔热情却缺少经验。旦增热桑，性格开朗、好面子，但却调皮捣蛋不服从管理。老师深层次分析了他的性格，对症下药，帮助他真正认识到了错误。晓宇，溺爱之下变得性情乖张。老师通过"宽容"他的一些小错误，让他理解老师，从而实现自我成长。小竹，学习刻苦，但成绩不尽人意。老师肯定她的付出，帮助她恢复自信，最终取得了学业上的巨大提升。还有一群特殊学生，他们有先天缺陷，心理上都存在或多或少的问题。老师开展多种多样的心理健康教育，帮助他们恢复了自信。

　　因材施教，首先要发现和分析"材"。每个学生的认知水平、学习能力以及自身素质等都有个性差异，教师要想正确教育学生，必须先全面了解学生的特点。案例中的主人公都是不一样的"材"，有的调皮捣乱但悟性很高；有的开朗乐观但不服管教；有的频频违纪但很爱面子……只有掌握了学生的独特之处后，教师方能有针对性地实施教育措施。那么，如何发现学生的独特之处呢？这就需要教师用心去了解，比如在恰当时机与学生沟通交流，倾听他们的心声，发现他们真实的想法或心理，或者从学生的周围人入手，比如学生的父母、朋友等，了解学生真实的一面，这是因材施教的起点和立足点。在面对各种各样需要"管教"的学生时,教师不要着急进行教育,应当先充分了解学生的情况,发现症结所在。只有这样,才能为之后的教育提供方向。

发现"材"之后便是施"教"。施教的首要原则是尊重不同,满足个性化需求。现实生活中有很多教育失败的案例,究其原因,很多时候是由于一刀切的教育模式。普遍的、广泛的教育措施并不能对每一个个体都产生作用,因为个体是具有差异的。当教师忽视差异,想要"一招走遍天下"时,往往很难取得效果。比如案例中教师用对待一般调皮孩子的方法训斥小灿,但得到的结果是小灿屡教不改、离家出走。所以教师一定要学会具体问题具体分析,对待不同的人,采取不同的教育措施。教师要认识到个体是独特的,有不同的需求,并想方设法找准需求、对症下药。

在尊重差异的前提下,施教可以先从放大学生的闪光之处开始。每个人都或多或少拥有一些优点,有的表现出来了,有的还未被人发现。教师通过识"材"的过程,发现学生的优点后,要想办法放大优点,比如赞美、鼓励学生,给予其表现机会等。这有助于增强学生的自信心,尤其是对于一些内向自卑的学生,当他们感受到自己的价值时,便会产生很强的效能感,从而有利于个人行为和态度的改变。另外,老师帮助学生放大优点,会让学生感觉到自己被重视,从而更加愿意发扬优点并改正不足之处。再"坏"的学生也并非无可救药,他们需要的或许就是一个懂自己的人。当老师放下身段,用心发现学生身上的优点时,会让学生感觉到自己是被尊重的,从而与老师产生心灵上的共鸣。在此基础上,老师采取的一些正强化行为会更好地强化他们对是非的认识,让其知道哪些事可以做,哪些事不能做,从而形成正确的价值观。

施教的过程中,教师要鼓励学生的优点,也要关注他们的不足之处。首先,教师要让学生意识到自己的不足,从自身寻求改变。其次,要抓住学生的痛点,针对性地采取措施助其改变,或好言相劝,或严厉相对。比如针对调皮捣蛋但好面子的且增热桑,教师首先让其反思自己错误,然后让他在全班面前做检讨，使其"知耻"，而后鼓励教育他"后勇"，找回丢掉的面子，通过这样的方式，从心理到行为上改变了且增热桑。最后，教师应当注意，对症下的"药"一定要适量，不能过激或者过松，更不能下错"药"。这就需要教师多多与学生交流，了解"病因"并结合学生的秉性，开出合适的"药"。

　　孔子因材施教，说"有教无类"，教师一定要树立正确的教育观念，尊重每个人的差异，用心呵护和陪伴每一个学生的成长，一定不能放弃任何一个人。对于学生的优秀表现，要鼓励赞扬，积极强化；对于学生的不足之处，要具体分析，用真心真情帮助其改正。因材施教，是教育之最高境界，有利于问题的解决和学生的成长。在实践过程中，教师一定要秉持这样的原则和采取相应的行为。

关键词

- **期望理论**：期望是指个人根据过往经验，在特定时间里希望满足自身需求的心理活动，期望心理是个人行为表现的驱动力之一（Vroom &Yetton, 1973）。
- **刻板印象**：人们对于某些社会群体和组织的观念、知识和期待所构成的认知结构（Macrae, Stangor, & Hewstone, 1996）。对一个群体的刻板印象可以分为积极和消极两个类型：积极刻板印象是指人们对某些群组形成的较为积极的观点和态度；消极刻板印象是指人们对某些群组形成的较为消极的态度和认知（Greenwald & Banaji, 1995）。
- **同理心**：指个体采纳他人观点、态度以试图理解其他个体的好恶、价值观念与需求的认知过程（Parker & Axtell, 2001）。
- **公开承诺**：承诺是一份口头或书面的与一个目标有关的行为改变誓言或保证，承诺既可以私下进行，也可以向社会公开，公开承诺有利于激励个体在环境当中的行为（Lokhorst, Werner, Staats, Van Dijk & Gale, 2013）。
- **互惠原则**：互惠是指人们对感受到的友善进行积极反馈，对感受到的不友善进行消极反馈的交互行为，前者是一种正互惠，后者则是一种负互惠（Rabin, 1993）。
- **习得性无助**：基于经验而形成的一种预期，即个体的行为最终都将导致失败（Seligman & Maier, 1967）。

- ◆**认知失调**：两种或多种态度之间，或者是态度和行为之间的不一致。费斯廷格认为，所有形式的不协调都会令人不安，因此个体有减少这种不一致的动机，进而寻求一种把失调降低到最低程度的稳定状态（Festinger, 1957）。
- ◆**自主的学习者**：自主的学习者是建构主义学习理论的关键概念。自主的学习者能够掌握有效的学习策略，并知道如何及何时运用这些策略（Bandura, 2001; Demob & Eaton, 2000; Hadwin, 2008; Zimmerman & Schunk, 2001）。
- ◆**同伴辅导**：一个学生对另一个学生的辅导。同伴辅导主要包括跨年龄辅导和同龄辅导两种形式（Slavin, 2016）。
- ◆**心理距离**：指个体对另一个体或群体亲近、接纳或难以相处的主观感受程度（林崇德，2003）。

第二章

价值塑造

价值观是学生成长过程中逐渐树立的认识事物、辨别是非的思维方式，对学生的成人、成才、成功都至关重要。初高中阶段是青少年价值观成型的关键时期，教师要引导学生树立正确的价值观。

价值塑造的目的在于帮助学生认清自己，使其有能力迎接机遇、有勇气面对挑战，进而为社会创造价值。这一章案例中的学生有懵懂、有迷茫、有叛逆，但他们却都怀有一颗最珍贵的赤子之心——勇敢、真诚、纯粹。好花要靠园丁育，对于这一阶段的学生，教师要修剪肆意生长的枝杈，防止杂芜蔓生，树不成材；还要呵护幼小娇嫩的花苞，以身作则、真诚以待，让每一个花朵都有机会健康美丽绽放。价值塑造同时也是一个互相成就的过程，教师付出真心培养学生，学生也以最纯洁、纯粹的爱回馈教师，让教师也能够保持一颗宁静、柔软的赤子之心。

穿长袖衫的孩子

西藏军区拉萨八一学校　李秋枫[1]

9月的拉萨，赤日炎炎似火烧。即使穿着最轻薄的短袖，也难免汗流浃背。可班上偏偏有几个学生非要穿长袖衣服，把手臂挡得严严实实，莫非他们真的藏着什么见不得人的秘密？

下课后，我把这几个孩子叫到办公室，半开玩笑半认真地要求他们撸起袖子，孩子们尽管非常不情愿，但还是按要求做了——天哪，这都是什么样的手臂——他们的胳膊上大都伤痕累累，有的已经结疤，有的还渗着血，有的像是烟头烫的圆点，有的则歪歪扭扭地呈条状，像蜈蚣似的趴在胳膊上，多的有十几处伤疤，少的也有五六处。

在我的一再追问下，这些十五六岁的孩子非常扭捏地说出了这些伤疤的由来。

阿牛：我不想上高中，想去当兵，可父母非让我读书。学不进去的时候，就拿小刀片在自己胳膊上割一下，看着血丝从伤口渗出来，感受着丝丝疼痛，一节课就过去了。这样做能感觉时间过得快一点。

---

[1] 李秋枫，女，汉族，河北师范大学汉语言文学教育学士，西藏军区拉萨八一学校，中学高级教师。

小毅：我中考成绩还不错，刚读高中时挺有信心，没想到高中的节奏这么快，我跟不上了，感觉自己挺失败的，就学着别人割一下。没有刀片，易拉罐拉环也可以用。

大壮：高一前我在老家跟爷爷奶奶生活，他们对我特别好，从来没打过我，没骂过我。高一时，父母把我接到拉萨，总看我不顺眼，觉得我这也不对，那也不对，我就没做过一件让他们满意的事。有时候我想，他们只生了我，又没养过我，凭什么对我说三道四？既然看不惯我，当初别生我好了。我被他们骂后，心里不舒服，就喜欢抽烟。有时拿烟头在手腕上一烫，就想知道他们看到了到底心不心疼。

瑶瑶：我失恋了，他不喜欢我了，我就是要让他知道我一直爱他，我把他的名字用圆规尖刻在胳膊上，我就是想让他看到我在流血，为他流的血。

小吉：男生嘛，没点伤疤就没人怕你，伤疤越多，越没人敢欺负你。

春儿：他们跟我说拿刀片轻轻地划过皮肤，那种感觉特别爽，很刺激，我就跟着试了。周边同学都这样，你不去做，多另类啊。又不是自杀，没什么大不了的。

……

看着这些刚刚升入高中的半大孩子，我知道我有些工作落在后面了。我先带他们去医务所处理了伤口，避免进一步感染或留下更重的疤痕，然后非常严肃地要求他们，今后无论出现什么样的情况都不允许伤害自己的身体，孩子们答应了。

后来，我在年级做了更多调查，发现这种类似的自我伤害现象比较普遍。这个年龄的孩子正处于青春期，渴望获得关爱，渴望成功，渴望成就感，但现实世界并不一定能让他们的内心得到满足。于是心智尚不十分成熟的他们，用这种自我伤害的方式，发泄内心情绪或博取他人的关注。这种现象具有相当大的传染性，很容易在一定范围内扩展开来。

要想解决这种自我伤害问题，仅仅依靠强制措施是没有用的。经过一番准备后，我和一些学生代表组织了一场别开生面的主题班会，围绕"我的青春不迷茫"这一主题展开讨论。通过一个个鲜活的事例，终于让学生们走出了心理阴影，开始尝试如何规划自己的高中生涯——如何正确与人相处，如何珍爱亲情，如何面对生活中的不如意。

　　这场自我伤害风波很快就过去了，但它给我留下了深刻印象。这些半大孩子在成长过程中肯定会遇到很多迷茫，特别是在思想意识上，如果他们得不到正确引导，很可能出现偏差。老师和家长早一点介入，孩子们的成长就少走一段弯路。

案例分析及教育管理建议

案例中的主人公是一群在烈日炎炎下依旧坚持穿长袖衣服的孩子，特立独行的背后掩盖着他们触目惊心的伤痕和敏感脆弱的心。青春期正是学生自我认知发生重大转变、重新定义自我身份的重要阶段，容易受情绪影响做出各种不理智的举动。

阿牛不愿读书想去当兵是其"认知独立性"发展的体现，在无法得到家长认可的情况下，他便通过自我伤害来对抗这种不认同。小毅由于高中学业跟不上，产生巨大心理落差，自信受挫，产生自残想法。大壮从小与父母分离，缺乏爱与交流，尝试通过自我伤害的方式来获得父母关注。瑶瑶是青春期失恋学生的典型代表，为了不成熟的爱而伤害自己。小吉想在同龄人中获得别样的优越感，春儿出于从众心理，都做出了伤害自己的举动。面对青春期尚未形成正确认知、心智还不成熟的学生，教师的正确引导尤为重要。

首先，教师要理解学生独立成长的需要。对于学生的叛逆行为，教师要辩证地看待，虽然它会对教学活动的顺利进行造成困扰，但也反映出学生认知发展的进步。比起强制扭转学生的青春期叛逆行为，传达对学生行为的理解，消除和学生的对抗关系是更为明智的做法。教师应当与学生家长保持沟通，一起向学生表达关怀和理解。当学生意识到自己的叛逆行为无法获得他人关注时，便失去了这么做的意义，某些叛逆问题可能就会迎刃而解。

其次，处于青春期的学生，其情绪情感具有丰富强烈、波动大的特点和一定的内隐性，教师要注意关注学生的情绪变化，做到"知情""定情"和"共情",及时开导有负面情绪的学生。青春期学生对外界的压力非常敏感,父母的打骂、同学的嘲笑或是失恋的悲伤等都会让学生陷入孤独、无助甚至莫名其妙的愤怒中,受情绪影响,学生容易做出不理智的举动。教师要充分了解每个学生的情绪变化,稳定学生情绪,站在学生的角度思考问题,理解学生产生这类情绪的原因,帮助他们摆正心态并学会疏导其负面情绪。

最后,教师可以通过经常组织青春期青少年价值塑造相关的主题班会,教会学生如何正确应对青春期面临的各种困惑。例如如何与人相处,如何获得他人的认同,如何面对挫折……通过主题班会,可以帮助学生树立正确的价值观念,引导学生思考未来、明确未来,走出青春期迷茫,建立自我同一性,做出反映自己真实内心的决定,而不是受环境影响一味从众。

寒门学子的读书梦

西藏军区拉萨八一学校　代伟

多年担任班主任的过程中，有一个家贫志坚的男生让我印象深刻。

占峰，个头不高，人长得瘦小，一副营养不良的样子。他各方面表现都很好，学习刻苦认真，班级的公益事务积极参与，平时与同学的关系很好，但是吃饭时间总喜欢单独行动。很长一段时间，我和班上的学生都不知道是什么原因。后来，有学生私下告诉我，占峰家里经济困难，平时在食堂只打饭不打菜。占峰每周末回家会在家里准备一些咸菜，用清油炒一下，然后装到瓶子里带到学校下饭吃，一瓶菜几乎要吃一周的时间。听了学生的介绍，我心里一阵难过，高中是长身体的关键时期，这么吃怎么能行？我心里惦记着能用什么办法帮助一下占峰。

一个星期天的晚上，其他学生都按时返校了，占峰没有回学校上课，我也没有接到家长的请假电话。我向其他同学询问，没有人知道情况，打家长电话也没接通。这样的情况是占峰进入高中以来从未出现过的。

第二天上午上完课，我决定去占峰家看看。经过一段车程，几经打听，我终于找到了他家。占峰的家在羊达乡一个偏僻山沟里，房屋破烂，门前的土路杂草丛生，是一户典型的农村贫困家庭。走进家门，占峰正在屋前的山坡上做农活,远远地看见我来了,有些惊讶,急忙从山坡上飞跑下来,一边擦着额头上的汗珠一边说着:"老师,你咋来了?"我急切地问:"你怎么没有回学校上课?让老师好担心!"听我这么一问,占峰的眼泪唰地掉了下来。我说:"不要急,慢慢说。"占峰止住眼泪,哽咽地说:"老师,对不起,我不能再去学校上课了。""怎么回事?"听占峰这么一说,我也急了。

经过与占峰的交流,我才知道,原来一年前,在占峰刚上初三时,他的爸爸因病去世了,家里生活的重担就全压在了他妈妈身上。妈妈整日劳作,身体一直很差,没有得到好的治疗。前段时间占峰的妈妈又被查出心脏病,而且还很严重。家里的支柱倒下了,经济状况雪上加霜。作为家里唯一的男子汉,占峰决定放弃学业,外出打工,用自己稚嫩的肩膀撑起这个家。听着占峰的诉说,我眼泪止不住掉了下来。占峰一个劲儿地说对不起,说自己本来该告诉老师的,到了星期天下午该返校时也没有请假,没有说明原因,让老师担心了,还跑这么远的路来找他。了解这些情况后,我沉默了,多么懂事的孩子,做老师的要想办法帮帮他!我在心里暗自说。

随后,占峰带我走进了他的家,展现在我眼前的是黑黢黢的墙壁和破烂的家具。占峰的妈妈斜靠在床头,一脸病容。在与占峰的妈妈进一步交流后,我决定,号召同学们和当地政府帮助占峰一家渡过难关,让他顺利完成学业。我把这些想法说出来后,占峰却说:"老师,不用了,不想给大家添麻烦,我能照顾好妈妈和这个家。"我知道占峰的心情和想法,和他一起分析了目前的状况,告诉他,困难是暂时的,只要能坚定信心,就没有战胜不了的困难。慢慢的,占峰同意了我的建议,他妈妈也同意让占峰去学校继续读书。当天下午,在安顿好妈妈后,占峰与我一起回了学校。

我发动全班同学为占峰捐款捐物,共同为占峰完成高中学业努力。同时,学校也积极与占峰家所在地的政府沟通,一起帮助占峰的妈妈治疗,最终他妈妈的病情得到了控制并逐渐好转。

此后,占峰在学习上更加劲头十足。经过高中三年的刻苦学习,占峰最终考上了理想的大学,圆了自己的读书梦。

案例分析及教育管理建议

案例中的主人公占峰由于突发的家庭状况决定放弃学业，外出打工，承担起家庭的重担。占峰初三时父亲因病去世，在青春期这个人生的重要阶段，他缺少可以商量沟通的对象，没有可以作为榜样和依靠的成年男性，更没有可以在面对选择时教他如何权衡取舍的导师，引导他走出家庭和学业两难的困境。面对这种情况，教师应当承担起园丁的职责，用心呵护每一个幼小的花苞，细心指导学生，不要让风雨摧毁花开的美好。

首先，在日常生活中，教师要善于观察学生的表现，对于一些异常行为，及时发现问题的原因并主动与学生交谈。青春期学生的情绪具有内隐性，他们通常不愿与家长和教师倾诉自己的烦恼，这就需要教师多主动与学生沟通交流，不断开导学生，帮助他们缓解心理负担。案例中，老师敏锐地看到了占峰常常独自就餐的异常行为，但对于占峰家庭困境的了解不够及时，最终未能在学生抉择时发挥重要作用。但是，如果教师能在发现问题后及时与占峰沟通，并且及时预判学生可能出现的变化，这种状况下教育管理的质量会更高。

其次，教师可以利用行为决策理论，帮助学生改善自我认知，做出理性决策。童年到青春期的过渡是学生习得决策认知技巧的时间段，这一过程中，教师可以去探求学生如何权衡取舍并做出最终决策，掌握学生的思考方式，从而更好地引导学生建立理性思维。案例中，占峰拒绝教师提出的建议，认为自己能照顾好妈妈和这个家。教师除了动之以情，更需要晓之以理，和他一起分析每项选择可能的后果，衡量每个后果的成本和收益，让学生构建起读书是其最好选择的认知。通过这种方式，一方面可以减轻学生接受他人帮助的心理压力；另一方面可以进一步激励学生好好学习，增强学生学习的内在动力。

最后，要真正解决家境贫困的学生的学业困境，需要教师联合学校以及当地政府一起努力为学生创造安心学习的环境。教师可以为学生申请学校的贫困补助，也可以积极呼吁当地政府提供相关政策扶持。值得注意的是，在帮助学生的过程中，教师要多考虑学生的感受，避免学生因此而感到自卑。教师应当维护好学生的自尊心，让学生明白接受别人的帮助并不可耻，能努力在困境中逆风飞行，将来成为一个对国家和社会有用的人，才是对这些帮助最好的回报。

小飞，我想对你说

西藏军区拉萨八一学校　张勃[1]

尊敬的小飞：

　　你好！

　　虽然你曾经是我的学生，但现在已是一名光荣的军校生，是共和国的准军官，所以我要称呼你为"尊敬的小飞"。

　　小飞，你还记得吗，你和原来学校的老师闹了别扭，说什么也不在那里读书了，这才转到我们这所普通中学来。你可知道，你原来就读的学校有多少荣誉光环？你可知道你以边防军人子女的身份直接进入那所学校，让多少学生羡慕？

　　你还记得吗，你的妈妈为了让你有一个良好的教育环境，毅然放弃了蒸蒸日上的事业，专门到成都陪你读书。不知你是否能体谅一位女强人成为"陪读"的委屈：远离丈夫、放弃事业、异地而居，有时还要承受叛逆期的你的折磨。小飞，其实你妈妈真的很不容易，现在你长大了，要学会体谅妈妈。

---

[1] 张勃，男，汉族，河北师范大学汉语言文学教育学士，西藏军区拉萨八一学校校长、中学高级教师。

小飞，你还记得吗，在学校你有"睡神"的"美誉"，一节课让老师喊醒四五次都是常态。一个十五六岁的小伙子哪来的那么大的睡意呢？要不是你父亲说出来，我真的很难想象你每天玩手机到凌晨四五点钟。一部又一部的玄幻小说充斥着你的手机界面，挤占你所有课上课下的时间。小飞，也许在玄幻世界里你可以纵情驰骋，但虚拟世界始终是虚拟的，你一定还会回到现实中来。即使现实是残酷的，我们是卑微的，但真的勇士敢于正视淋漓的鲜血，敢于直面惨淡的人生，这正是生活的滋味、生命的意义。现在你是一名军人了，少不了泥水中的摸爬滚打，希望你能勇敢地面对。

小飞，我知道你不是调皮捣蛋的孩子，你只是不喜欢学习，不喜欢书本上那些枯燥无聊的公式和习题，一进课堂，你便无精打采。在中学时，你可以放弃自己的职责——学习就是学生的职责。但作为军人，你绝对无法放弃保家卫国的神圣使命。其实每个人都有自己的使命，老师要教书，学生要学习，军人要战斗。《士兵突击》讲述的不就是一个兵王许三多"不抛弃、不放弃"的成长历程吗？

小飞，你是以边防军人子女的身份考入军校的，我希望你能好好珍惜这份缘分，希望你能接过父亲手中的钢枪，继续保卫国家的安宁和人民的幸福。

对了，你好像不太喜欢你的父亲，因为你出生时他不在你身边；你学走路时他不在你身边；你上学了，他不来接送你；你被同学欺负了，他还是没时间管你。你从小和爷爷奶奶生活，习惯了老人家的溺爱，也习惯了没有父亲的约束。你总说你父亲是天底下最不合格的父亲，天底下谁都可以指责你，唯独他没有权利。

小飞，也许你父亲的确对你关怀不够，不是一个合格的父亲，但他却是当之无愧的共和国军人。他的足迹踏遍了雪域高原的每一座哨所，像界碑一样扎根在祖国边疆。他不是不爱自己的父母妻儿，只是无暇照顾；他不是不想陪你成长，但军人的使命令他注定只能在高原的凛凛寒风中遥望家乡。你的每一次任性都会让他伤心不止，你的每一次"对父爱的呼唤"都会让爱你的父亲心痛。

  也许在报考军校方面,你被迫屈从了父亲的安排。西藏的军人就是这样,献了青春献终身,献了终身献子孙。我相信,部队的大熔炉会把你锻炼成一块好钢,相信你在父亲手中接过钢枪时,还会继承父亲的信念,用对党和人民的无限忠诚守卫祖国的辽阔边疆。

  小飞,记得常和你父亲打打电话,向老兵汇报一下新兵的成长过程。

  小飞,希望你能早日成为一名好兵。

你的老师

案例分析及教育管理建议

案例中的主人公小飞是个问题少年，而小飞父亲由于工作原因无法陪伴在小飞身边，也无法对其进行教育和指导。虽然小飞母亲放弃工作进行陪读，但小飞依旧我行我素。最终，小飞以边防军人子女的身份投身军校。在小飞进入军校学习之际，教师以书信的方式向小飞传递了殷切希望，同时也给予我们一定的启示。

首先，教师要帮助学生树立爱己爱家的意识，告诉他们要珍惜当下，多多体谅父母。出于种种原因，家长也许无法出席孩子成长的重要时刻，但父母对孩子的爱永远不会缺席。对于父母的难处，教师要教会学生换位思考，不要逞一时之快，伤害最爱自己的人。面对青春期的迷茫，逃避永远不是解决问题的最佳方式，它也许可以带给学生一时的宽慰，但最终只会成为学生与家人、与现实之间的壁垒。学生困在虚拟世界中，只能消磨时间，耗费生命。对于学生的逃避行为，教师应当及时提醒学生不要沉迷于虚拟世界，教会他们勇敢面对现实生活，爱护自己。

其次，对于进入军校学习的学生，学校可以开展英模人物等教育活动，帮助学生增强社会责任感和树立学习榜样。每个人都有自己应当承担的责任，军人更是承担着保家卫国的重任。教师应当在学生心里种下责任的种子，让学生明白自己肩负着重要使命，激发学生学习的使命感和内在动力，帮助他们主动改变过去逃避学习的行为。案例中，教师向小飞传递了积极的期望，以《士兵突击》中的许三多为榜样，激励小飞未来遇到困难时不抛弃、不放弃。

  同时，教师可以加强文化建设，开拓学生的眼界和格局。军人是一份神圣的工作，它需要有一颗无私奉献的心。通过班级文化建设，可以帮助学生树立崇高的奉献意识，体会这份职业的伟大，呼唤学生心中强烈的自豪感。从而培养学生的爱军爱国思想，激励他们为守护祖国疆土上的一草一木而不懈努力。

妈妈——多么温暖的称呼

西藏军区拉萨八一学校　李玉新

何为"师范"？"学高为师，身正为范"。第一次看到这句话时，我被深深地震撼了——只有不断地致力于自我教育，才能教育好孩子们。我们的职业就像渡口的船夫，将一拨一拨的孩子摆渡到河的对岸，他们上岸继续前行，而我们接着又开始摆渡下一届的孩子们。弹指间，几十年过去了。

我记得有一个孩子名叫何毅，他是初二时转到我班的。初入班的他放荡不羁、桀骜不驯，组织能力及号召力又特别强，经常带着班上几个同学打架斗殴、逃学逃家，更谈不上认真学习了。

那是一个春夏交替的季节，何毅又一次逃学一个月以后，由家长带着到了学校。作为一名班主任，我深知这样的孩子对班级的负面影响是巨大的。如果纵容这样想走就走、想来就来的行为，我将如何管理整个处于青春期、没有辨别是非能力又躁动不安的孩子们？但是看着靠在菜市场卖菜为生的何毅父亲和他那因为劳作而苍老的脸庞、焦虑的眼神、些许佝偻的身体，我犹豫了，在对孩子进行了必要的批评教育及处理后，何毅又入班了。

有天下班，快走到自家楼下时，我听见身后传来一声呼喊："李老师。"一转身看见何毅的父亲从隐蔽处闪了出来，何毅则远远站在二百米开外。何毅父亲快步走过来，一边说着感谢的话，一边从衣兜里拿出一个厚厚的牛皮纸信封往我手里塞。一见那信封形状，我就猜出里面装的是什么，我断然拒绝："这些都是我们应该做的工作，如果你要这样，就把孩子带回去。"

何毅父亲急忙说道："李老师，我是真心感谢你的，何毅这个娃娃太让你操心，给你添了不少麻烦。你放心，我专门叫小孩在远处等着，他不知道这事，不会有人知道的。"他说着又把装钱的信封往我手里塞。

信封在我手中停留了片刻，我感受到了里面的厚度，心里大概能猜测出里面的数目："老何，你别这样，这么多钱，你要卖多少菜才能挣出来？我理解家长的心情，都是做父母的，谁不希望老师对自己的孩子多关注一些？你也担心调皮捣蛋的何毅以后会不会再违反校纪校规、会不会再逃学逃家？你放心，我会对何毅和其他孩子一样。只要孩子改好了，好好学习，就是对老师最大的报答。"我将信封推还给何毅爸爸。

何毅爸爸立刻又将信封推过来："这点钱不算什么，就是个心意。"

如此反复几次。我诚恳地对何毅爸爸说："老何，请你相信我，我绝不会戴着有色眼镜看待何毅的。我也是当母亲的，我也希望我的孩子能碰到认真负责的好老师。只要孩子认真学习，不再逃学逃家，成绩一时赶不上来没关系，只要他努力就行了。"

我感觉到何毅爸爸的手略微停滞了一下，趁机把信封往他手里一塞，赶紧说："谢谢你，老何！心意我领了，但东西我绝对不能要。我也有原则，请你理解我。"说罢，我飞快转身，逃也似的上楼去了。

当我站在自家厨房窗口急忙开始做饭时，恰好透过窗口看见何毅父子俩，还在操场旁的那排白杨树下说着什么。远远的，听不见，只见说着说着，何毅转过身来久久望着我的窗口，之后跟着父亲慢慢离去了。

在往后的学习生活中，我欣喜地看见何毅在慢慢发生变化，非但不逃学、不打架了，学习也开始有些认真了。何毅本身具备相当强的组织能力，但我怕他控制不好自己，会有所反复，因此让他当了班级的数学课代表和体育委员，以便我随时随地能够关注到他，防微杜渐。没想到他把自己当班长使，顿时我感觉班务工作轻松了不少。身为班干部，何毅也渐渐开始懂得严于律己了。可我依旧不敢让他当班长，怕他翘尾巴，功亏一篑。

转眼到了毕业季。这天我上完下午最后一节课，急急忙忙收拾东西准备回家。就在这时，何毅走了进来："老师，我能跟您谈谈吗？"

我手上动作没有停下，说："行，能简单点吗？老师还有晚自习。"见他没作声，我抬头一看，他眼睛居然红了。我忙停下来问："怎么了，别哭！来坐下说。"

"老师，今天是我生日，可我爸爸根本不知道，昨天居然还问我几岁了。"他越说越激动，眼泪终于没能忍住，声音也哽咽了。

眼见一个大男孩哭成这样，我心也乱了，忙安慰他，"你爸爸肯定是忙忘了，说不定等你回家，妈妈已经给你做了一大桌子好吃的，给你一个惊喜呢？"

"不是，他真的不知道我的生日。17年了，我从来没过过生日。17年呐！他居然不知道我几岁！"他的声音变成了哭腔，"也不会有好吃的，我没有妈妈。"

我心中一阵酸楚，一时不知该怎样安慰他："其实你爸爸是爱你的，只是他不善于表达，或者他的表达方式你不认可。你看去年为了能让你重回学校读书，他多着急？更何况，你还有老师，还有同学。"他情绪终于平稳了。晚自习时，我给他带了两个红苹果……

2018年，何毅就该医科大毕业了。每年逢年过节，包括中秋节、教师节、母亲节他都会给我发祝福短信。记得他去上大学前来看我，临走时，站在门口，扭捏了片刻，对我说："老师！我一直把您当妈妈。"

我愣了一下，有点不知所措，甚至有点职业性地说："老师其实没做什么，只做了老师该做的事。只要你能够成材，老师就知足了。"

"不，您还记得去年，我爸爸为了感谢您，给了您两千块钱，可是您却拒绝了。我从来没有看见过有人办事不是为了钱。您，就是我妈妈！"

我注意到身为不善说"您"的四川人的他，连续说了几个"您"，我心头一热,抱了抱这个大男孩。此时,我是多么幸福,多么满足。我只是在工作中做了我应该做的,而他却用最纯洁、最纯粹的爱回馈了我,他让我感到我是如此的幸福!

谢谢你,谢谢你们,我的孩子们!是你们令我的心现在如此宁静、如此柔软、如此幸福,使我觉得我的工作不是单纯的谋生方式,它是那样的有意义;是你们让我找到了存在感、认同感和归属感,让我并不完美的人生那样温暖。谢谢你们,我的孩子们!是你们让我碌碌终身,却不曾忘了最初的呼唤,是你们让我把平凡的岁月过得如此深情。

深情如此,回首无憾!

案例分析及教育管理建议

案例中的主人公何毅从小缺少父母的陪伴和教育，打架斗殴、逃学逃家逐渐成为他的代名词。面对这样的学生，教师既不能姑息纵容，也不能过度处罚，更不能以有色眼镜看待学生。每个学生身上都承担着父母殷切的希望，教师要尽最大努力帮助学生改正错误，抚平他们青春期埋藏在心底的躁动、不安和迷茫。

教育家吴玉章先生说过："我并无过人的特长，只是忠诚老实，不自欺欺人，想做一个'以身作则'来教育人的平常人。"身为教师，应当注意自己的言行举止，以身示教，以身作则，用自己成熟的价值观和言行举止去影响学生，为青春期迷茫的他们做榜样。案例中，何毅父亲为感谢教师对自己孩子的关怀和帮助，执意要给教师送钱，教师再三拒绝，并保证会对学生一视同仁。而这一幕何毅看在眼里，记在心底，明白了教师对学生的付出是无私的，成功为他种下改变自己的种子。同时，这也体现出互惠原理对于学生的作用。每个人都不愿对别人有所亏欠，希望尽量能够以同样的付出给予别人回报，进而会主动给自己施加压力，努力满足他人的期待和要求。

当教师成功激活学生去改变自己时，教师应当向学生展现自己对他们的信任。教师可以提供给学生具有挑战性的工作，帮助他们树立责任感。一个有责任感的人，往往会比不承担任何责任时更加注意自己的言行举止。案例中，教师出于方便及时管控何毅行为的目的，授予何毅数学课代表和体育委员的职务，这无形中让何毅感受到来自教师的信任和关怀。此外，班干部是班级中的榜样，何毅意识到身上的责任，渐渐懂得严于律己，树立起正确的价值观，成长为值得大家信赖的人。

最后，对于何毅这样单亲家庭的学生，教师应当多多关心他们，开解他们对家人的心结。青春期的学生内心更加敏感脆弱，情绪波动也比较大，更加需要来自他人尤其是父母的关怀。很多学生受家庭条件限制，无法正常与父母进行心灵上的沟通，这就需要教师承担起倾听者的角色，开导有负面情绪的学生，告诉学生细细体会父母对他们的爱，体谅父母的难处，教会学生如何去爱身边的人。

你的青春期，我的成长期

西藏军区拉萨八一学校　尚雅曼[1]

在我担任临时班主任的那段时间，发生了一件让我难忘的事情。这件事情反映了一个孩子在青春期的表现，也让我得到了成长……

事情发生在一个周五的晚自习。上课的铃声已经响过，可是教室里的座位仍然有三四个是空着的。5分钟过去了，10分钟过去了，我终于在楼道里听到急促的脚步声和嬉闹的笑声——迟到的几个孩子来了。

我站在教室门口等这几个迟到的学生，心中有些愤怒，但更多的是担心学生不要出现其他违纪问题。我询问了学生迟到的原因，心中就只剩下了愤怒。原来，他们几个利用课间去小卖部买泡面了。于是，疾风骤雨般的训斥开始了。可是，其中有个学生不仅不认错，还出言顶撞，认为老师"小题大做"。

这个学生叫程志。冲突开始了，我让程志叫家长来学校处理问题。程志认为老师处理问题就知道叫家长，他理直气壮地说道："我们自己犯的错误，

---

[1] 尚雅曼，女，汉族，河北师范大学外国语学院文学学士，西藏军区拉萨八一学校中学二级教师。

我们自己来承担。凭什么动不动就要叫家长？"此刻，我们争论的焦点已经不是迟到的问题，而是学生出问题究竟该不该叫家长。

在冲突升级的第二天，我把程志的家长叫了过来。在家长和我面前，程志依然显得无所谓，认为老师的做法依旧是"小题大做"，不觉得自己有任何错误，甚至开始指责老师的种种不是。他父亲一直给我道歉，我明显看出他脸上的无奈。程志在爆发之后，居然跑出了办公室。我只好给他开了假条，让他父亲带他回去冷静一下。

暴风雨之后的宁静，总是会让人冷静下来反思：问题究竟在哪？为何学生在提到父母的时候反应会如此激烈？他的父亲为何脸上写满了无奈？

经过多方了解，我才知道，原来孩子跟父母之间的关系并不融洽。

程志的父母在他还很小的时候就远离家乡，一直在拉萨工作。程志从小跟爷爷奶奶一起生活，缺少跟父母之间的交流。孩子不知道怎样跟父母沟通，也不知道怎么表达心中所想。长大后的程志来到父母身边，正值青春叛逆期，更不知道如何表达自己。他总是跟父亲产生争吵或者冷战，导致他跟父亲的关系一直处于非常紧张的状态。

因为和家长的紧张关系，在我提到叫家长时，程志才会异常抵触。高中生处于年轻气盛的阶段，顶撞老师也是内心不太成熟的表现。我能够理解程志会"爆发"的原因。虽然后来有很长一段时间，我们之间处于"冷战期"，但我还是以一颗宽容的心去看待他。我决定主动出击，这样做可能改变不了他们父子之间的关系，但是我想让他相信，身边的人都是关心他的。

课堂上，提问的时候，我总是会留一些适合他的问题。在处理他的问题时，我会更加小心，以免碰触到他的痛处。我们师生之间的紧张关系变得缓和了，我也经常能看到他脸上的笑容。虽然他不曾为那天迟到顶撞的事情向我当面道歉，但是后来班主任跟我私下沟通的时候转述了程志想对我说的话。他知道自己错了，也知道自己不应该那么做，但是作为一个自尊心非常强的人，他总是抹不开面子来跟我道歉。听了这些话，我内心莫名地感动。

作为一名教师，这件事情也让我有所成长，让我懂得了应该更深入地去了解每一个学生。这种了解不是表面的了解，而是要深入学生的内心世界，感知他们的真实想法，使师生之间的沟通交流更为顺畅。

你的青春期，我的成长期。

案例分析及教育管理建议

　　案例中的主人公程志晚自习迟到违纪，面对教师的愤怒与训斥，他不愿认错。双方冲突加剧，教师决定叫家长来学校处理问题。由于父母工作原因，程志自小远离父母，在爷爷奶奶身边长大，缺少父母陪伴。这份孤独与陌生使程志在青春期更加不知道如何与父母相处、沟通，亲子关系一直处于紧张状态。因此，面对教师叫家长的行为，程志十分抵触，最终与教师陷入"冷战"。面对这种情况，教师要善于反思教学过程中出现的问题，及时采取恰当的措施补救师生关系，与学生共同成长。

　　首先，在教育学生过程中，教师不应该情绪过激，这会严重影响教学质量和师生关系。受情绪影响，教师在批评学生时容易对人不对事，与学生产生破坏性冲突。例如案例中，教师在满怀"愤怒"的情绪下批评学生，这既无法让学生真正意识到自己的错误，也容易引起学生的抵触情绪，导致双方矛盾激化。因此，教师应当时刻注意不要将自己的情绪发泄在学生身上。在双方情绪都比较激动的情况下，及时给自己和学生一个冷静的时间，避免冲突进一步升级。

　　其次，面对学生的过激反应，教师要有同理心，学会换位思考，在全面了解学生产生过激行为原因的基础上，有针对性地采取措施。有时候，学生抵触教师的某些做法并不是针对教师，而是内心有其他不愿面对或不知道如何面对的负担。案例中，程志从小缺少父母的关爱，与家长关系紧张，因此十分抵触教师叫家长的行为。对此，教师要给予宽容和理解，主动关心学生，拉近师生距离，让学生意识到身边人是关心他的，进而减轻学生内心的孤独感。教师可以通过提问适合学生的问题来增强学生的自信心；可以经常主动找学生进行私下沟通，为学生提供一个倾诉烦恼的机会；也可以赞美学生优秀的表现，向学生传达友好的信号……从而实现师生价值观共享，增进彼此理解。

最后，教师应当时常进行自我反思，以保证有效教学的进行。青春期的学生正处于认知发展的重要时期，作为学生的引路人，教师的一举一动都会对学生产生重大影响。保持一定频率的自我反思，有助于教师时刻审视自己的行为，为学生做好榜样，潜移默化中帮助学生塑造正确的价值观，实现认知升级。

"睡神"的逆转

西藏日喀则市上海实验学校　任冬梅[1]

记得那一年我担任高二（6）班的班主任，班里来了一个问题生，他的名字叫扎西（化名）。扎西是留级生，几乎全校老师都知道他。他以在课堂上爱睡觉而出名，连他自己都称自己是"睡神"。

第一节课，我给班里同学强调了课堂纪律，特别指出不能上课睡觉，实际上就是针对他说的。我原本以为他会通过其他同学，知道我是一名很严厉的老师，不敢在我的课堂上睡觉。可谁知，他在我的第一节课上就呼呼大睡！在后来的几次课上，我格外关注他，也曾在课堂上严厉批评过他。之后，我还详细了解了他的家庭情况。他爸爸是汉族，在乡里工作；妈妈是藏族，为了照顾他，专门把工作调到了市里。我听他妈妈说，他以前是个学习优秀的学生，后来由于夫妻二人常年不在孩子身边，他交了一些行为习惯不好的朋友，而身边又没有人教育他，他才变成了今天的样子。他妈妈在说这些事情的时候不禁流泪，言语里带着对孩子的歉疚和自责，同时请求我一定帮忙好好管理他。我被触动了，对自己说，一定要让扎西有所转变。

---

[1] 任冬梅，女，汉族，南京师范大学法学学士，西藏日喀则市上海实验学校高级教师。

给我印象很深的事发生在高三第一学期。扎西参与一起打群架事件，我在课堂上严厉批评了他。可能是我的言辞触碰到了他的自尊，他当着全班同学的面顶撞了我……课后，我找他谈话，他说是为了朋友才会去打别的同学。从他的言语中，我丝毫没有感受到他的悔悟。但从另一个侧面，我也感受到了这个孩子是个很重情谊的人，只是价值判断和价值选择出现了错误。我希望去引导他，于是，我告诉他替朋友打抱不平是好事，但首先应该分析朋友的品行有没有问题。另外，我又说到了他父母如何含辛茹苦培养他以及他妈妈对我讲的一番话。因为扎西和他妈妈的感情很好，所以，当我提及他的父母时，从他的表情中我发现他对我的敌意慢慢消失了。

这次事情以后，扎西的问题并没有完全解决，但我发现他在朝好的方向转变：课堂上睡觉的次数变少了，学习态度也有所改变。特别是我无意中发现在他课桌的左上角贴了一个为自己制定的高考目标，还把目标具体到了每门课要考多少分。看到这一幕后，我表扬了他，并肯定了他的努力。

之后，我又找他聊过几次，他已变得自信和积极，对自己的高三学习充满信心，相信一定能考上理想的大学。同时，班里同学也说，扎西现在学习很努力，周末回到家也知道心疼父母，早晨早早起来为父母买早餐，帮助父母做家务，不再让父母为他的学习操心。

当年高考结束后，我第一个询问了他的成绩，318分。得知此消息后，我感到非常高兴，他终于考上大学了（西藏地区当年的一本线为353分）！

我觉得自己所做的这一切很值得！

案例分析及教育管理建议

案例中的主人公扎西由于缺少父母陪伴，在青春期成长过程中社会角色认知出现偏差，交友不慎，又没有及时得到正确的教育和引导，慢慢从一个学习优秀的学生变成一个上课睡觉的问题学生。对于一个因缺乏教育而迷失自己的学生，教师应该主动扮演学习指导者、生活帮助者和道德引路者的角色，将学生重新带回正确轨道。

首先，教师要转变学生对于某些问题的认知，助其建立正确的价值观。在矫正学生认知时，教师应先认可其正确的部分，表达对学生的理解，再指出存在偏差的部分，循序渐进，降低自尊心较强的学生接受、认同的难度。如案例中，对于扎西打群架的行为，教师先是认可他重情义的一面，随后提出要认清自己重情义的对象的品行。这么做既给学生保留了一定的自尊心，又恰当地引导学生认识到自己的错误，一举两得。

此外，教师还可以利用情感攻势触动学生的心灵，消除学生的心理防线，激发学生的学习使命感。爱尔兰诗人叶芝写道："教育不是注满一桶水，而是点燃一把火。"比起不断向学生灌输知识，教师的使命更在于点燃学生心中学习的火焰，激励学生进行自我教育。我们永远无法叫醒一个装睡的人，我们要做的是让他主动睁开双眼，学生教育亦是如此。案例中，扎西与其母亲感情很好，教师利用这一点，晓之以理，动之以情，让他明白父母对他的愧疚和倾注的心血，成功激活了扎西那颗"昏昏欲睡"的心，使他重新找回学习使命感。同时，利用情感攻势还可以向学生展现父母的艰辛与不易，培养学生懂得感恩与回报的价值观，做一个知恩图报的人。

　　最后，教师可以采取适当的奖惩措施，帮助学生强化自己的行为，实现大转变。学生行为的转变是一个过程，在这个过程中，如果没有适当的激励与管控，容易功亏一篑。当学生有了进步时，教师应当及时表扬；当学生做出错误举动时，也要及时提醒。通过不断的反馈，强化学生的行为，增强学生改变自己的信心和动力。如面对扎西的转变，教师及时表扬了他，并肯定了他的努力，之后又常常与他保持沟通交流，及时给予扎西反馈，最终扎西实现了逆转。

探望

西藏军区拉萨八一学校　代杰燕[1]

8月的一个正午,拉萨艳阳高照,辽阔的蓝天澄澈如洗,几朵硕大的白云在天边悠闲地变换着身形。

学校附近的一家小餐馆,一个眉清目秀的姑娘正和一位中年妇女一起吃饭。这位留着披肩发,素面朝天的娴静姑娘叫杨雪,而这位中年妇女是她初中时的班主任。当时的杨雪是班长,是一位懂事、乖巧、能干的女孩。她的成绩不能说非常优秀,但是她踏实、努力,各科目都比较均衡,整体成绩优良,对师长彬彬有礼,班级事务也管理得井井有条,是老师的得力助手。

初中毕业后的杨雪,在内地就读高中、大学,逢年过节,总是不忘通过电话或短信与老师联系,交流感想,送上祝福。有时遇上难事也向老师请教。这一切令老师欣慰不已。

杨雪经常回到高原的母校探望老师。

第一次是杨雪大二结束后的暑假,当时师生二人在办公室交流了很久。

---

[1] 代杰燕,女,汉族,西藏大学文学学士,西藏军区拉萨八一学校中学高级教师。

"爸爸近几年做生意都不景气。哥哥嫂嫂有一个八九岁的儿子,压力大,做生意也是亏本。家中经济实在紧张,出国留学一年花销至少都是十几万、二十多万,爸爸反对,妈妈也不能完全理解,但是我就是想出国留学。"杨雪向久未谋面的老师吐露着心声。

"这是好事啊,出国留学深造是对自己最好的投资,而教育投资是回报率最高的呀!"看着眼前已出落得落落大方的姑娘,老师满脸欣喜,劝慰道:"不要介意爸妈的反对,他们有自己的难处。好好学,自己努力,还有两年时间,会有机会的。你还可以告诉爸妈,留学期间靠自己勤工俭学补贴生活费。无论如何,能出国留学都是一件好事,有梦就去追!"

杨雪静静地听完老师鼓励的话语,沉默了几秒,接着告诉老师自己在家的这段经历。回来以后,妈妈总是唉声叹气,絮叨自己命苦——第一次婚姻以破裂告终,后来跟了现在这个男人。别家的日子都是芝麻开花节节高,自己家却是越发不景气;以前还能美滋滋地当个小老板娘,现在却是给别的老板娘打工的苦命打工嫂。说着说着,妈妈常常泣不成声。这些絮叨杨雪已听了无数遍,但她还是柔声地安慰母亲。母亲因情绪压抑而苦闷,平时,家庭琐事引发的莫名怒火常常烧到杨雪身上,懂事的她只好忍耐。她知道母亲心情不好,还时常设法哄母亲开心。她明白,世上最大的痛苦不是你不曾拥有,而是在拥有了之后老天又把它拿走。为了减轻家庭的经济负担,她在读大学期间做了一份家教。她特别想出国留学,既为了提升学业,也为了远远地离开父母。从小到大,她受够了家庭的不和谐,听够了母亲的絮叨。

短暂的沉默又出现了,老师连忙转移话题:"杨雪,和同学还在联系吗?当初你们交情最好。"

"老师,初三毕业后就没怎么联系了。其实,我一直很自卑。初中时,我就常常羡慕她们父母和睦,家庭温暖。"杨雪话还没说完,眼眶已红,随即,两行清泪已顺着脸颊流下。老师连忙抽出纸巾递过去,不经意间触到姑娘的手——冰凉。此时正值高原的夏季啊!很明显,在大学求学期间的伙食上,她似乎亏待了自己……

第二次师生见面是在两年后。

再次出现在老师眼前的这位姑娘,已经不再伤心、不再忧郁,明媚的笑容绽放在她依旧不施粉黛、年轻光洁的脸上。

"老师,真的好感谢您。没有您,就没有我的现在。当时,我父母文化低,还经常吵架、打架,家里永远乌烟瘴气。在家里,我总是烦躁,但一到学校,我的心就踏实下来。特别是在您的班会课上,我总是瞪大了眼睛听您讲话,唯恐漏掉一句。您告诉了我们好多,也用那些哥哥姐姐的事例为我们描绘了努力读书的美好前景,所以我在学习上从未懈怠。"

老师这才蓦然发觉,按部就班组织的班会居然曾经那样触动过一位姑娘的心灵。作为班主任,她在组织班会时的确无比真诚,对学生如同对子女般满怀期望。直到现在,她依然怀着这种期望认真地动情地开着班会,也注意到班上总有那么一部分眼睛明净而清澈的孩子,是那样心无旁骛地凝神倾听。

正当老师沉思时,杨雪轻柔的声音又响起:"还有,在初三那么紧张的时候,我妈妈还总是鸡蛋里挑骨头,说我不好好学,甚至对我失去信心。是您一遍一遍地劝导我,让我不要在意家中父母的矛盾,不要在意妈妈的无理指责,一心学习。您还多次与我妈妈电话沟通,告诉她我的表现很好,成绩也很稳定,让她相信我,全力支持我。老师,这些我一辈子都不会忘记。"

"老师只是做了该做的事。"在喧嚷的餐馆里静静坐着的老师笑了。

突然,杨雪狡黠地笑开了:"老师,您不知道吧,我是抱养的。"

"抱养?"老师惊讶了,笑容僵在了脸上。当初她只知道杨雪的家庭是重组家庭,其他一概不知。

"我是我现在妈妈的妹妹生的,生下我时,我的生父生母已经有了一个女孩,而他们最想要的是男孩,所以我现在的妈妈便抱养了我。我以前常给您说的'哥哥'是我的妈妈和她前任丈夫的孩子,我妈带着我和哥哥与现在的爸爸结了婚,爸爸那边还有孩子,也都成人了,有的已经大学毕业。我现在的爸妈没有共同的属于他们俩亲生的孩子。"

老师费力地听完这一切，好久，才大致理顺了这错综复杂的关系。

"老师，现在我的第二学位快修完了，也快毕业了，我准备边学习边在会计事务所打工。现在我能养活自己，妈妈的负担也轻了。她在我身上越来越多地看到希望，不再成天抱怨，心情开朗了许多呢！我想留在杭州，虽然压力大，但杭州的平台大，机会多……"

看着眼前的这位姑娘，老师开心地笑了。虽然这个姑娘已不再提"出国留学"的事，但老师知道，不管在哪儿，她都会一直上进的。她跨越了生活的重重荆棘，抖落了家庭的重重阴霾，终于迎来了云开雾散、风清日朗的日子。虽然前面的道路还会有很多未知的坎坷与磨难，但她一定会跨过去的。因为她曾有负重前行的过往，这正是她人生的瑰丽财富！

案例分析及教育管理建议

案例主人公杨雪的家庭状况给她的学业造成了困扰。家庭不和睦和母亲的指责给正处于初三关键时期的杨雪带来了巨大的心理压力。大二暑假,在与初中班主任交谈的过程中,杨雪透露出想出国留学的想法,但家庭经济状况和父母的反对让杨雪的内心备受煎熬。在杨雪迷茫无助之际,是案例中杨雪的初中班主任一直在背后支持她、开导她、帮助她,让杨雪走过一道道人生的坎,最终迎来属于自己璀璨的人生。这启示教师,对于陷入困境的学生,我们可以努力成为他们信任的倾诉对象,做学生学业上追梦的守护者和人生道路上的引路人。

首先,教师要做学生追求学业成就道路上的支持者,鼓励学生实现自己的学业梦想,肯定他们积极向上的价值观和进取心。学生在追求学业成就的道路上难免会遇到挫折,有时是经济困难,有时是家人反对,有时是自身身心限制……诸多因素都会给学生带来心理压力,影响他们取得学业成就。对于处于这种情况中的学生,教师要给予支持,帮助学生坚定自己的信念,克服面前的困难。案例中,杨雪初三时总是遭受母亲无理的指责。在杨雪班主任极力与学生家长沟通的努力下,杨雪最终成功应对家庭与学业的冲突,顺利毕业。

其次,教师可以为青春期受家庭环境影响而感到迷茫、不安的学生树立学习的榜样。有时学生陷入迷茫是因为看不清人生的方向,教师可以通过榜样树立,向学生展现别人的人生规划,给予他们描绘未来的勇气和希望。同时,教师可以开展各种各样的班会活动,让学生多体验多思考,帮助他们完善对青春期、对自己的认知。烦躁不安有时源于对无知的恐惧，如果能够清晰地认识自己，知道自己想要什么，这份烦躁不安自然也会随着无知一起消失。

最后，在必要的情况下，教师应当与学生家长保持沟通联系，对家长进行价值引导。家长错误的教育方式会给学生留下难以磨灭的消极影响。案例中，杨雪的母亲经常将自己的不满情绪发泄在杨雪身上，这给杨雪带来了很大压力。此时就需要教师与家长及时进行沟通，避免给学生留下心理阴影，阻碍学生取得学业成就。

小结

阿牛，由于内心得不到满足，选择自残的方式另类地表达自己内心的声音。老师通过召开主题班会，帮助他们解决内心困惑，树立正确的价值观，让他们走出阴影、笑对人生。占峰，家庭贫困，父亲早逝，在学业和家庭的两难困境中，忍痛选择退学。但老师通过帮助他分析现状、理性决策，并主动为他寻找社会和政府救济，最终使他重返校园。小飞，从小缺少陪伴、我行我素。在他进入军校之际，老师向他详细叙说了父母的不易，希望小飞爱家、爱军、爱国，承担起身上肩负的责任。何毅，同样从小缺少爱与陪伴，因此喜欢打架斗殴，不服从管教。老师通过以身示教、以身作则，成功激活了何毅的热情，去改变自己的人生。程志，与父母缺少沟通、性格叛逆，面对老师的教导拒不认错。老师通过详细了解事情原委，采取针对性措施，最终缓和了师生关系。扎西，因为交友不慎导致成绩滑落并逐渐迷失自己。老师利用情感攻势唤醒了他内心最柔软的部分，最终激发出他的学习使命感。还有杨雪，家庭背景复杂且家庭遭遇变故，给她造成了巨大的身心压力。老师默默地支持、开导和倾听，最终帮助她走出困境，实现自我成长。

价值观是人对客观事物满足人的需求所表现出来的评价与态度，它对个人的认知和行为具有导向作用，从根本上决定了个人的发展方向。初高中阶段正是青少年价值观成型的关键节点，这一时期对学生的价值塑造尤为重要，教师要引导学生树立正确的价值观，明确人生目标，向着远大理想进步。

首先，教师要帮助学生提高思想道德水平，培养高尚情操，追求崇高理想。进入青春期的孩子心智尚不成熟，容易受周围环境和他人的影响。根据社会学习理论，个体会学习和模仿他人的行为。当学生经常接触一些价值观扭曲的人时，会不自觉地模仿他们的行为，进而形成错误的价值观。所以对于青春期孩子的价值塑造，教师一定不能缺席，要引导他们建立正确的价值观。教师在授课中，不仅要传授知识，更要传递思想，告诉学生什么是正确的，什么是错误的，增强学生的荣辱意识、爱国精神，提高学生的社会责任感，引导学生树立远大的理想，认识到个人命运和国家前途紧密联系，增强上进心。

其次，教师要用真诚的行动化解学生的叛逆心理。青春期的孩子普遍具有逆反心理，对于父母、老师的教育有严重的排斥倾向。所以，简单的说教并不能起作用，而是需要老师用真诚的行动春风化雨。比如案例中老师没有放弃总是犯错的何毅，给予他继续上学的机会，并拒绝其父亲送来的信封里的"谢意"。这让何毅认识到老师对他的真情，进而反思自己的行为，并逐步向好的方向发展。对于没钱上学的占峰同学，老师帮他分析利弊，鼓励他继续读书，并发动相关力量帮助他解决问题。真诚的行动胜过千言万语，老师不仅要言传，更要身教，对于一些价值观发生偏离的同学，要及时关注，并采取相应的行动感化学生，帮助其走上正轨。

再次，原生家庭对学生价值观形成有很大的影响。因此，教师在塑造学生价值观的过程中要发动家长的力量。有的家长过分溺爱自己的孩子，导致其无法无天；有的家庭离异，导致孩子性格怪僻；有的缺少沟通，导致孩子严重叛逆……教师不仅要多与家长沟通，了解家长的教育方式，引导家长合理关爱、正确教育孩子，还要多了解学生家庭的难处，适当给予其一定的帮助。同时，教师和家长要同心同气，致力于把孩子引上正轨。在日常生活中，家长要关注孩子的不恰当行为，及时和老师沟通；在对孩子进行教育时，家长要注意教育方式和自身情绪，避免引起孩子的逆反心理。青春期孩子的心理尤其脆弱，家长应格外注意要给予其一定的尊重，用润物细无声的方式慢慢改变其言行。

最后，班级活动是塑造学生价值观的一个重要方式，通过集体活动可以加深学生对于正确价值观的认识，接受积极思想的影响。比如案例中教师面对学生的各种自残行为，召开主题班会，围绕"我的青春不迷茫"的主题展开讨论和交流，引导学生们走出心理阴影，学会如何做人做事。青春期的孩子对于班级活动是很热衷的，教师可以借助一些积极向上的活动，比如开展班级的球类活动、主题班会、讲文明行动等，既能让学生感受到团结的氛围，又能减少学生的抵触心理，促使其追求进步，形成正确的价值观。

青春期的孩子风华正茂，是祖国未来的希望。作为园丁的教师，一定不能让祖国的花朵早早凋零，价值塑造是重要的过程，教师在教学之外，要时常关注学生的心理变化，引导其建立积极向上的价值观。

关键词

- **知情和共情**：知情指领情和了解有关事件的情况；共情是指个体能够体验并理解他人的情绪或感受，但又不会将自我与他人相混淆的能力（Decety & Lamm, 2006）。
- **内生动机**：通过对基本心理需求的满足发挥作用，个体按照其自身的好恶和兴趣来评价其从事的活动，表现出自我决定的状态（Deci, Koestner, & Ryan, 1999）。
- **挑战性工作**：指具有高负荷、一定认知性、激励性与挑战性特征的工作（Crawford, Lepine, & Rich, 2010）。
- **情绪劳动**：指个体在工作中对情感进行管理，从而表现出能够被他人观察到的面部表情和身体动作等（Hochschild, 1983; Grandey, 2000）。
- **奖惩缺失**：既不强化个体的优秀表现，也不惩罚个体的不良表现，即对于表现出色的个体不给予肯定，对于表现不佳的个体也不批评教育（Hinkin & Schriesheim, 2008）。
- **家庭-学业冲突**：是个体有关家庭和学业的态度、认知或者价值观间产生了矛盾，并产生对所在环境的威胁评价，从而导致个体做出冲突行为（Halevy, Chou, & Galinsky, 2012）。
- **同一性迷失**：无法发展出一个清晰的方向或自我认识（Marcia, 1991）。
- **从众**：个体根据群体的规范来调整自己的行为（Cialdini & Goldstein,

2004）。

- ◆ **价值观**：指的是人们内心深处的信念。从个人或社会的角度来看，某种具体的思考方式或最终的存在状态比与之相反的思考方式或存在状态更可取（Rokeach, 1973）。
- ◆ **认知行为矫正**：基于行为和认知原理，通过自我谈话和自我指导方式改变个体自身行为的程序（Harris, Graham & Pressley, 2001; Zimmerman, 2000）。
- ◆ **榜样激励**：也称典型激励或示范激励，是指通过树立典型、先进示范，用他人的高尚思想、模范行为和卓越成就刺激员工的上进心，引导他们见贤思齐，以榜样为旗帜调整努力的方向，以榜样为参照修正自己的行为，以榜样为标尺衡量行为的结果，进而向组织所期望的目标发展（褚宏启，2013）。
- ◆ **青春期叛逆**：一种情感混乱的模式，是部分青少年的特征。它可能包括与家庭的冲突、与成人社会的疏远、鲁莽的行为以及对成人价值观的排斥（Papalia, Olds & Feldman, 2013）。
- ◆ **社会学习理论**：个体会通过观察他人的行动而习得新事物（Bandura, 1977）。

第三章

激励成长

学生都是需要被激励的，教育的任务之一就是点燃学生心中的火焰。因此，激励成为贯穿教师职业生涯的一个主题。调动学生的学习热情、激发学生的昂扬斗志、引导学生战胜困难和挑战，这些都是本章案例中激励的主要内容。

教师对于学生一方面要用心付出、坚持陪伴；另一方面，要以欣赏的眼光看待学生，不吝啬夸奖和赞美。激励还分不同的类型，正向激励能够激发学生的昂扬斗志，负向激励也能够在关键时刻起到意想不到的积极效果。对不同的学生要讲究不同的激励方式，哪怕对于同一名学生，在不同时间段采用的激励方式也不同，这就需要教师了解每一位学生，用心用情触及这些年轻的心灵。

带着爱前行

西藏军区拉萨八一学校 李玉新

著名教育家陶行知先生曾说:"捧着一颗心来,不带半根草去。"

不曾刻意追求什么,不曾细致地思考过什么,不知不觉,人生已在三尺讲台上度过了一个又一个春秋;不知不觉,却也是桃李处处芬芳。虽说有苦有乐,苦多于乐,曾经那些受过的委屈,那些不得已的苦衷,那些内心的煎熬,回首望去,微微一笑,却也是暗香袭人。有时,我会想起那些曾经或灿烂或倔强或明朗或沮丧的脸庞。暗自思忖,我们的教育不尽都是成功的,不尽都能在短期内看到效果。这些矛盾和困惑曾令我迷茫、备感挫折、气馁甚至想要放弃。

一天,我正在办公室里同往常一样埋头批改作业,不经意间一抬头,看见一位身着白西装,挺拔帅气的小伙靠在办公室门框上,笑眯眯地望着我。我正疑惑这是谁,只见他嘴角上扬,笑得更灿烂了:"李老师,您不认识我了?我是蔡明浩!"

"蔡明浩?"我简直无法将眼前这个朝气蓬勃、阳光帅气、高大挺拔的小伙和当年那个眼神迷离、蓬头垢面、行事偏激的小不点儿联系在一起。"你真的是蔡明浩?"我仔细辨认着那张阳光灿烂的脸,眉目中依稀看到了他当年的模样。"快来坐，告诉老师你现在的情况，咋变化那么大？"

"不，我还是站着习惯，这个地方以前我站过好久。"他指了指我办公桌的侧面，又笑了。

往事浮上心头，爽朗的笑声飘荡在办公室里。

当年，我怎么也想不明白，出生于书香门第的蔡明浩，怎么就一点不随他父母？蔡明浩父母在西藏也算是比较有影响力的人物。父亲常有文章见诸国家级报纸，言谈举止之间都透着一股书卷气，温文尔雅。母亲温柔贤淑，落落大方。

而他却几乎从来不洗脸，在家里和妈妈"殊死抗争"也要保住脖子上的黑垢；每次换洗了衣服，要把衣服弄脏弄破才来学校；喜欢将家里的零食藏起来，晚上躲在床角像老鼠一样偷偷吃；一周至少迟到四天；作业几乎不做；成绩在班上垫底……家长和老师好说歹说，他承认错误痛快，但就是不改。

"那时太小，心智不成熟，不懂事。"蔡明浩自我解嘲。正谈着，下课了，科任老师从我班带了一名扰乱课堂纪律的孩子到办公室让我处理，我转身向科任老师了解情况。眼睛的余光看见蔡明浩走过去对那孩子小声说："兄弟，做了啥错事？做错了就给老师认错，不要抵赖。老师都是为你好。你别看李老师发起火来厉害得很，其实她心可软了。当年，我就经常站在你现在站的地方。有一次我妈气坏了，要打我，是李老师急忙挡在了我前面，我妈那一脚结结实实踢在李老师身上。"作为广播电台主持人的他，用一口好听的普通话现身说法，是那样的真诚和坦率。我默默听着他俩的对话，不禁思绪翻跹。

应该是蔡明浩上初三那年，是一个深秋。拉萨的深秋，已是寒意凛冽。学校大门外两百米开外，市政建设正在埋水泥下水道管，直径大概有一人多高，很多孩子上学、放学都爱偷偷在那玩上一段时间。

这天下午已经上课了，蔡明浩还没到，我一边想着"这孩子又迟到了"，一边给她母亲通了电话。她母亲的声音很无奈："他是按时从家走的，我还看着他往学校方向去了才来上班的。这孩子，不知又拐到哪儿玩去了。对不起，李老师。我去找找，找到了我把他给您送到学校来。"

半个小时左右，蔡明浩被他母亲送回了学校。只见他浑身泥污，脸上隐隐还有一些划痕，一条裤腿从裤脚到膝盖被撕开了一条长长的口子，露出冻得紫红紫红的小腿。我一看："这是咋了？"

他母亲说："我沿着他上学的路一路找他，找到校门口正好碰见他。他说路过下水道工地时，不小心摔了下去，一直爬不上来。您看，这身上脏的，裤腿也划坏了。"我注意到他母亲的眼神中闪现出一丝疑惑。

我怀疑地望着他："工地上不是也有路吗？怎么会走着走着就掉下去了？"

"我走着走着，正好一辆工地上的车飞快地开过来，我赶紧让路，一下就掉进沟里了。"我透过他高度近视的厚厚眼镜，看着他的眼睛，那眼神很淡定很平静，似乎说的就是事实。

第二天，我正在查看学习委员统计的作业提交情况，发现蔡明浩的各科作业，要么没做，要么就是少量地乱做了一点，糊弄了事。我正在为此犯愁，心想这孩子可咋办呀？只见物理课代表急急忙忙进办公室："李老师，王老师请你到教室去一趟。""怎么了？"我边问边往教室走。

"蔡明浩把王老师气坏了。"物理课代表小声地说。

我一进教室，就觉得班级的气氛非常紧张。同学们有的低头似乎在看书，实则都竖起耳朵听动静；有的偷偷地侧着头观察教室后边。蔡明浩低头站在教室后面，王老师则沉着脸站在旁边。见我进来，王老师激动地给我反映情况："这个蔡明浩，简直没办法教了，有他在教室，这个课就没法上！刚一上课，我就听见他坐的那边传来'咯嘣咯嘣'嚼东西的声音，问他在吃什么？他说什么都没吃，还张大嘴巴让我检查，可是一张嘴，一股浓浓的炒花生味！罚他站着，结果他就开始玩这个。"王老师递给我一把粉笔，只见每一支粉笔都被镂刻过，有的还是雏形，有的已经算得上精美。我侧头看了他一眼，他的头垂得更低了。"我批评了他两句，接着开始讲课，没一会儿发现周围的同学在偷偷地笑，原来他站着睡着了。这课咋上？我让他站到后面去，别影响其他同学，结果他又开始偷偷吃花生，我站在讲台上都能听见他吃东西的声音。"

我问他："你上课又吃东西了？"他低着头，嘟噜了一声。我提高了音量："你说什么？我没听清。抬起头来，回答我。"

那双眼睛略微游移了一下，便迎上了我的眼神，有些胆怯，却也平静："吃了。"他小声但清晰地回答我。

"早上没吃饭？"

"吃了。"

"就是想吃花生，花生好吃吗？"

"不好吃。"

"不好吃你还上课偷偷的吃？还有别的吗？"

"没有了。"他立刻将衣服裤子口袋全翻出来，证明给我看，翻出了口袋里一堆揉得皱巴巴、脏兮兮的卫生纸团，还有一些纸屑、花生皮、瓜子壳、糖纸等簌簌地掉了下来。

我看着他翻完衣兜，说："别影响老师上课了，走，跟我去办公室。"他一动不动，眼睛依旧带着那种略带胆怯的平静。我上前一把抓住他的手把他带出了教室，他极不情愿地跟着我进了办公室。

"说说吧，你为什么总是上课吃东西？"我把他拉到办公桌跟前，就在我松开手的一瞬间，他的衣袖里掉出了一地的花生、葡萄干和糖。我有些压不住火了："你嘴里到底有没有真话？你到底是想干什么？"

他依旧小声地用平静的语气回答："不干什么。"

"你还要做什么才叫干了什么？"

"就是没干什么！"他小声但倔强地回答，语气却还是那么平静。

"你说，你有几节课不扰乱课堂纪律？初中三年，你有几天完成过家庭作业？好话歹话给你说了一箩筐了，你改过没有？"

"改过。"还是平静小声的语气。

"你这也叫改了？你有哪一天不犯错误？每次你的保证管了一天没有？"我被激怒了。

不知是被我的怒气镇住了，还是无言以对，这下他终于不吭声了。我停顿了片刻，平静了一下："你自己说吧，咋办？"

"改。"

"咋改？"

"上课不吃东西，好好写作业，不迟到，不扰乱课堂纪律。"他的声音永远是不急不缓，小声且平静。

"能保持多久？"

"一直。"

我调整好自己的情绪，尽量平静地对他说："老师多么想相信你呀！你每次都说改，可是你从来没有真正地改过。做人要诚实，要说话算话。就算你一时不能彻底改变，也应该慢慢改，哪怕一天改一点，保证做到的事至少要保持一天、两天，逐步延长时间到一个礼拜，至少让人看到你有想要改变的态度和努力。你能做到吗？"他没吭声，我以为他受到了触动，又问："今天做错了没有？"

"错了。"

"改吗？"

"改。"

"好，老师再相信你一次，不过，你要在班上做一份深刻的检查，并保证不再扰乱课堂纪律。能做到吗？"

"能。"

望着他离去的背影，我多么希望这次谈话真的能起到作用，哪怕只有一丁点儿。可是，就在当天下午，他在课堂上又吃东西了，所不同的是，这次吃的是方便面。无奈，我只好打电话请他家长来学校配合教育。

他母亲急急忙忙赶过来，听了我反映的情况后，一向温柔的她也急了。"蔡明浩，你到底想干什么？每天我问你完成作业没有，你都说完成了，我还给你作业上签字。结果你还在骗我！今天早上送你出门时，我还给你千叮咛万嘱咐，你怎么就那么不听话？"他母亲边说边转过头来对着我，"李老师,我也不怕你笑话,昨天下午他不是说是因为掉进工地的下水道坑里才迟到的吗?我当时就不相信,掉进坑里能把穿在身上的秋裤也摔掉了?把他送到学校后,我就去工地上问,人家说就根本没有小孩掉进坑里这回事!我把整个工地转了一圈,结果发现一个水泥管道里堆了一堆东西,"蔡明浩妈妈越说越激动,语调也提高了,"老远我就看见了他的秋衣秋裤、毛衣,还有不少干草,完全就是做了一个窝,还存了一些吃的,什么瓜子、花生、牛奶,居然还有干馒头和冷鸡蛋!那鸡蛋都馊了!肯定是平时从家里带出来的。晚上放学回家,他爸爸问他,开始他还不承认,后来没办法都承认了。他爸爸问他是不是想离家出走,他回答不是,说外面生存环境太恶劣,不能离家出走。他爸爸气得狠狠地揍了他一顿。"他妈妈激动得脸色潮红,转向蔡明浩说道:"你说,你是不是想气死你爸爸和我?"

"不是。"他的回答永远是小声、波澜不惊的。

"不是?不是你上课又吃东西?"蔡明浩妈妈气得浑身哆嗦,突然抬起脚猛地踢向蔡明浩,我来不及细想,下意识地扑过去挡在蔡明浩身前,腿上顿时一阵疼痛。同时,耳边传来了蔡明浩的声音,"我改,我改,我一定改!"声音不大,但是明显急促了一些。

这种情况是不利于解决问题的,我把蔡明浩妈妈拉出办公室,在操场上跟她交流起来:"蔡明浩妈妈,你别着急,光着急不能解决问题。孩子不能总是打,尤其是青春期的孩子,打多了反而适得其反。"

"李老师,您是不知道,蔡明浩长这么大,我和他爸爸几乎就没打过他。他爸爸昨天是气坏了才动手的。可是昨天晚上才挨了打,怎么今天竟然没有一点效果?"蔡明浩妈妈语气依然急促,眼角隐隐闪着泪光。"我都不想管他了,他爱咋地咋地。"

我递过一张纸巾给她:"不可能真的不管孩子,气话说说就行了。要不,你们带孩子看看心理医生?"

"春节回内地带他看过心理医生,医生说没什么问题。"

"这孩子行事风格跟别的孩子很不一样,肯定是哪出了问题。是不是蔡明浩小时候是被爷爷奶奶或外公外婆带大的?"

"上幼儿园前,考虑他的身体比较弱,放在内地爷爷奶奶家,后来上学了,我和他爸爸商量还是带在身边好,一来培养感情,再说也怕爷爷奶奶溺爱耽误了孩子。从上小学,孩子就是跟在我们身边的。可是这孩子一直就不让人省心。"我和蔡明浩妈妈交流了良久,也没找到问题的根源。我们约定以后都多观察这孩子,有问题及时沟通。

坦白地说,面对这种情况,我们的教育很苍白、很无力。

直至中考前,蔡明浩都没有明显改观。

蔡明浩等我处理完这孩子的事后走到我面前,灿然笑了,"李老师,我又温习了一遍当年的情形。"

"对了,你那时那么烦人,啥时候变乖的?"我笑着调侃他。

"嘿嘿,后来上高中好像慢慢就没那么招人烦了。"

"你还知道你那时招人烦啊?"

"知道啊。"我俩哈哈大笑。

"那为什么你当时不改呢?"我真的好奇。

"不知道,没想过。"

"是不是高中换了个环境就好了。"

"也不是吧,高一、高二还是挺招人烦的,尤其是高一。可能后来长大了,自己就懂事了吧。"他非常喜欢笑,此时的他眼神里有些狡黠。

"对了,你上的是哪个大学?"

"中国传媒大学。"

"你那个成绩能考上中国传媒大学?"我非常吃惊,"你爸爸的关系吧?"我半开玩笑地说。

他顿时沉默了,眼睛直视着我。我明显感觉到,此时他的沉默不同于当年,眼里、脸上不再挂满失落。顿了一会,他说:"不,我自己考的。"此时他的语气也不同于当年,更加坚定有力。

临别,他告诉我,他已经拿到研究生的录取通知,要去北京深造了。

"总要不断地充实自己，人的姿态应该是向上的。"此刻的他是那样严肃。

这孩子成人成材了，我由衷地感到喜悦。

那晚，我失眠了。我在想：是什么令蔡明浩有了如此大的变化？如果真是因为当年我下意识地替他挡了他母亲的一脚，那么，我值了。

是的，我们所教的孩子里，每一届都会碰到几个"蔡明浩"式的孩子，他们不是存在这样的问题，就是存在那样的问题。我们花费了许多精力和时间，对他们的教育却收效甚微，甚至于会觉得我们是把他们"拖着""拽着"到毕业的。

或许，当他们在我们身边时，我们看不到他们的进步，或许我们永远都看不到我们的教育成效，以及他们或灿烂或暗淡的明天。但是我们努力过。我们的教育、我们曾经给予他们的爱，将会陪伴他们一路前行。

案例分析及教育管理建议

动物界有一种名为"母亲印刻"的现象，科学研究发现，人的身上也存在这种现象，且其生成的关键时期为1~5岁，这就意味着幼儿时期缺少父母的陪伴，会导致孩子与家长间难以建立起安全的依恋关系，孩子长大后也会对父母产生不信任的心理，他们会认为父母不爱自己。案例中的主人公蔡明浩小时候被父母寄养在爷爷奶奶家，缺少父母的陪伴与关爱，这导致他内心缺乏安全感。初中时期，伴随着青春期的到来，他的内心更加敏感、脆弱，更加渴望获得他人关注。

德国教育学家第斯多惠说："教学的艺术不在于传授本领，而在于激励、唤醒和鼓舞。"而要想真正激励、唤醒和鼓舞成长中缺乏陪伴与关爱的学生，也一定是要给予他足够的真心。案例中蔡明浩非常顽劣，但当李老师帮他挡下那一脚踢踹时，他认错的语气变得急促。这一刻他能够感受到教师对他的真心，也意识到自己不能再自暴自弃。因此，在面对屡教不改的学生时，教师一定要多与学生进行沟通交流，用行动与真心让学生感受到关爱与重视，扩大自己对学生的影响力，建立起他们的自尊心。

激励、唤醒和鼓舞学生，在帮助他们改正错误时切记不能操之过急。如案例中的主人公做出的弄脏衣物、上课吃东西等不良行为，都是他为了获得关注的手段。对于学生课堂上的不良表现，教师应当表现出足够的包容度和耐心，运用消退原理，让学生主动意识到自己的错误。但是当学生不能主动意识到自己行为中的问题时，教师就必须清楚明确地告诉他，教会学生认知行为矫正。当出现类似案例中上课吃东西的行为时，教师可以训练学生在产生这样的想法时进行自我陈述："我不应该在课堂上吃东西，这会打扰其他同学和老师上课，而且他们也不会因此变得更加关注我。如果我改正这个坏习惯，老师会表扬我，同学们也会愿意和我做朋友。"通过自我调节和认知行为矫正，能够有效帮助学生减少捣乱行为。

与此同时，教师可以运用"登门槛效应"，先为学生设置一个小的转变目标，鼓励学生积极实现目标，并及时给予反馈。当学生完成目标后，教师可以逐步提高要求，而不是一开始就要求学生做出重大改变，此时学生的承诺往往没有效力。通过这些手段，学生会在目标实现中不断增强自信和学习动力，取得学业成就。

你的闪光点,老师看得到

西藏军区拉萨八一学校 代丹

班上有一个很"出名"的孩子,小涛。没交作业有他、打架斗殴有他、上课走神有他、书包里带玩具也有他。干净的衣服他穿不了半天就脏兮兮的,双手没有一刻是干净的……不仅本年级的老师认识他,其他年级的好多老师也认识他。

作为班主任,我了解到小涛的父母以卖菜为生,大多数时间都在菜地里,没什么文化,也没有时间和精力来管他。小涛平时住校,周末回家。小涛还在睡觉的时候,父母就去菜地了,等他们忙完回家已经是晚上了……第一次见小涛的家长是因为他把女同学给打了;第二次是因为屡次不完成作业,还在寝室"斗地主";第三次是因为他把数学老师的放大镜拿走了。每次,小涛的妈妈都会说:"老师,你管严点,他不听话你就打,我是真的没办法了。"

起初,对于小涛的教育,我基本是以口头教育为主,情节严重的,请家长协助。次数多了,我发现这些对小涛没啥用。后来,在教师培训时,清华大学来支教的孔茗博士和一个小学生的故事让我深受启发。孔茗博士在毕业前的最后一年,申请到我们学校支教,她很多先进的教育管理方法都取得了显著成效,她本人也成为我校老师学习的榜样。故事中,孔博士拿出自己的课余时间辅导学生，尽量和学生多一些相处，表扬学生的每一点进步，听着听着我突然找到了灵感。

从此，我开始关注小涛的优点，一发现他有做得好的地方，就在全班进行表扬。平时，我也会利用一些课余时间主动和小涛聊天。以前，我都是因为小涛犯了错才找他；现在，我想把他当成一个朋友，和他聊聊天。一次，课间操结束，我让小涛留下来，他胆怯无措的眼神仿佛在说：我哪里又犯错了？但我并不是要责备他，而是跟他聊平常生活和学习中的琐事，这一次，他很意外。

一天放学后，我去食堂，刚好看见小涛在里面吃饭，便和他聊起天来。通过聊天，我发现这孩子挺实在的，而且很单纯。他最喜欢数学，一直想当数学课代表，但每次竞选，都竞争不过班上其他同学；他还喜欢体育，其中最喜欢的是足球和乒乓球，吃完饭，还想去打乒乓球；他说食堂的饭不好吃，但是饿了吃什么都好……小涛畅聊着自己的心声，半个小时过去了，我明显感觉到小涛对我的信任，我们之间的距离近了。

慢慢地，我发现小涛的字写得没那么难看了，上英语课开始举手回答问题，并主动请教数学方面的问题，不再调皮捣蛋了，脸上的笑容也多了。

小涛，请爱惜你的纯洁无瑕，请相信，你的闪光点，老师看得见。

案例分析及教育管理建议

教师经常会遇到一些"问题学生",故事中的小涛就是这样一个令人头疼的学生。由于长期缺乏家长管教,小涛屡次犯错,慢慢地,周围人都会对小涛形成"表现差"的刻板印象,忽视小涛身上的闪光点。面对接连不断的批评,小涛自身也会存在刻板印象威胁,认为自己是一个没有能力的"差生",对自己丧失信心,索性破罐破摔,不仅不改正自身的不良习惯,反而一错再错。

当出现这种情况时,首先教师要善于反思自己的教育模式,不要一味地否定学生。比起批评、请家长等惩罚手段,运用有效的强化手段能更好地帮助学生改正不良行为。面对常常犯错的学生,教师应当避免对他们形成刻板印象,并且在教育过程中要减少否定性质词语的使用频率。教师应善于发现学生的优点,给予他们及时的肯定和鼓励,特别地,表扬时要注意保持真诚的态度,且表扬的内容最好是具体的。长期以往,学生为了获得老师的肯定,慢慢就会矫正自己的不良行为,自信心也会随之增加。

其次,教师应当多与这些学生沟通交流,拉近师生距离,消除彼此的偏见,并且在沟通中去了解学生真正的需求。根据马斯洛需求层次理论,人的需求可划分为缺失需求和成长需求,如果要提高学生的内部学习动力,教师必须先使学生的缺失需求得到满足。缺失需求包括生理需要、安全需要、归属与爱的需要以及尊重的需要,其中不可忽视的是归属与爱的需要和尊重的需要。经常遭受批评的学生会比其他学生更渴望受到关注和赞赏，教师应该利用课余时间与学生保持交流，了解他们的兴趣和优点，找到激励学生的突破口。除此之外，教师要多向学生表达自己的关爱，多夸奖他们的优点和长处，让他们相信自己有能力做好每一件事。教师还可以通过开展一些班级活动，让学生有表现自己的机会，帮助他们获得同学的认可，感受成功的快乐。当学生的缺失需求得到满足后，他们就会转向成长需求，希望获得知识，得到自我实现。此时教师可以帮助他们设立学习目标，并将目标分解成一个个小任务，在每一步实现后及时给予学生表扬，激励他们长期为取得成就而努力。

好学生是夸出来的

西藏达孜中学　金花[1]

初一刚开学，拿到学生名单，作为班主任的我就开始了解班里学生的情况，包括他们的家庭情况、学习成绩以及在小学阶段的表现。通过信息登记表和其他同学的反馈，我了解到，班里有一位叫旦增顿珠的同学，是位很"有名"的学生——在小学时，不学习、打架、染发、抽烟、旷课、顶撞老师等各项"罪状"，他一个都不少。

我顿时陷入了沉思：该怎么教育旦增顿珠呢？

我想，先从了解他开始吧……

开学后不久，我便找机会和他谈心，问他能否胜任班干部的职位、是否愿意成为我的左膀右臂。他很诧异，摸摸脑袋瓜说："老师，我可以吗？您相信我吗？"我说："老师多年的教学经历练就了火眼金睛，看学生很准的，你就是一个优秀班干部的好苗子。"我没有去问他的缺点，只是问他有什么优点或爱好。他自信地回答："我爱踢足球，我喜欢体育运动。"因此，我安排他担任了体育委员及纪律委员。后来他还成为了我班"阳光足球队"队长，

---

[1] 金花，女，藏族，西藏大学数学与应用数学专业本科，西藏拉萨市达孜区中学高级教师。

参加了学校的足球队。

从那次谈话后,几乎每天课余时间,他都是第一个到足球场,积极组织班里的足球队员进行训练。在训练过程中,他和同学们建立了深厚的友谊。通过勤奋刻苦的训练和坚持不懈的努力,在"阳光足球比赛"中,我班进入决赛,并获得了亚军。从此,他变得更加自信,同学们对他也从不太信任到真正的信服。

让我欣慰的是,在早、晚自习时间,经常看到他主动维持班级纪律。在课堂上,我也总是有意向他提问,让他感觉到被关注。课下,我经常找他谈话,及时掌握班里学生近阶段的思想动态,同时了解他本人的状态。如今,初二上学期快结束了,他没有打过架,没有旷过课,更没有顶撞过老师,已经变成了班里的一位好学生。

更让我意外的是,每天早晨6点多,教学楼还没开门,他就带领我班男生在操场周围的路灯下背书……

渐渐地,他的学习成绩也有了很大的提高。在本学期的期中考试总结会上,我向他和他的家长一起敬献哈达,表扬他在学习等各方面的进步。家长会后,他的家长拉起我的手,含泪说:"老师,您对这个孩子来说太重要了!他到了中学后彻底改变了,进步特别大!谢谢您的信任!"

这个暑假,我收到了旦增顿珠的短信,他对我说:"谢谢您,老师!谢谢您经常用妈妈的口吻鼓励我,有您的陪伴,我有信心将人生的路走好。"看到这句话我很幸福,更加欣慰——老师的爱,应像父爱一样深沉,像母爱一样细腻,像友爱一样温暖。

案例分析及教育管理建议

案例中的旦增顿珠在小学时是一个令人头疼的"问题学生"，如果教师在第一天见到他时就怀揣着"我应该时刻关注他，以免他犯错"的心理并且提醒他注意自己的行为，大概率会导致旦增顿珠做出和之前一样的事，让他觉得自己是一个"坏学生"，永远也不能改变，从而打击他原来可能想要改变的积极性。相反，有教育意识的教师在面对一个曾经有过不良记录的学生时，会善于寻找新的方法，以一颗仁爱包容之心去帮助学生改正自己的行为。

对于这类经常违反校纪校规的学生，教师首先应当改变他们破罐破摔的想法，帮助他们建立自尊心。教师可以先向学生传递积极的期望，对于长期不被教师重视的学生来说，积极的期望会使他们产生被人信任的心理感受，同时也会提高对自我的预期，形成"我可以做到"的想法和自信，进而增强学习动机。

其次，教师要善于发扬学生的兴趣爱好和长处，依据期望理论，为他们布置难易适中的任务。以故事主人公旦增顿珠为例，他热爱足球，那么担任体育委员对他就具有较强的吸引力。同时，对旦增顿珠来说，成为一名优秀的体育委员具有较大的价值。这不仅可以促进他与同学的沟通交流，增进彼此之间的友谊，也能够满足他的自身需求。这个职位还可以充分发挥旦增顿珠的特长，在具有一定挑战性的基础上包含着成功的可能性。值得注意的是，任务也不可过于简单，在成功的诱因价值较低的情况下，学生的动机也会随之减弱。同时，这也是对"要求-承诺"策略的运用,在成为体育委员这一承诺带来的压力下,学生将实现自我激励。

最后,教师要经常、及时给予学生反馈,肯定他们的努力和付出。如果奖励的周期过于漫长,那么奖励的作用效果也会减弱。学生可能会因为得不到反馈而放弃之前的做法,降低自身的积极性。一定频率的反馈有利于持续强化学生的行为,加强情感效能的激励作用,激励他们朝着目标不断努力和奋斗。

走过弯路的学生

西藏军区拉萨八一学校　刘伟[1]

刚担任班主任时,我遇到过一个走了很长弯路的学生,涛子。

一天,我准备去上地理课,在楼梯转角和一个学生撞上了。我一抬头就看见一张神情紧张的脸,原来是班里的学生——涛子。

我盯着他,他看着我,瞬即他低下头。

"老师,我不想上学了。"

"说什么,大声点,我没听清。"

"我要退学,今天就走,不上了。"

"哦!我马上有课,待会儿再说。"

涛子转身默默地离开,我望着他失落的背影。

终于下课铃声想起,我回到办公室,涛子已经站在办公室门口了。

"离开学校有什么打算?"

"还没打算,反正就是不想上学了。"

"准备到哪儿发财,打工还是做生意?"

---

[1] 刘伟,男,汉族,西藏大学地理科学理学学士,西藏军区拉萨八一学校中学一级教师。

"我不想发财，也知道自己没那本事。"

"那你究竟想干什么，又干得了什么？不然怎么在社会立足？"

……

"随便找个理由或借口，能说服我，立马给你办理退学。"

"老师我……我已经几年没上学了，跟不上班里的学习进度；况且我今年已经20岁了，不适合待在学校；还有我没有学籍，听说参加不了高考，待在学校也没什么意思，被人嘲笑，不如一走了之。"

我愤怒了。

"来学校之前，你还不清楚这一情况！自己几年没上学怪谁啊！基础差，现在才高一，还有两年多时间弥补呢。没学籍，学校不是已经在尽力同教育厅协调，准备给你补办了吗？20岁就已经很老了吗？你不知道活到老学到老啊……"

此时此刻的我一改以往的平易近人，活脱脱地狱判官，凶神恶煞。

涛子沉默良久……

"老师别生气，这学我上，我尽力。"他说话时，居然两眼闪着泪花，"我不是一个好学生，我犯错老师就叫我转学；我不想上学，老师就像送瘟神，您是第一个管我、留我的老师。"

"你之前怎样，我不管。做人最重要的是做好现在和未来，你一时在我班就是我的学生，你一世在天地间就是我的学生。我不期望你们能大富大贵，只要懂得如何为人，将来能安家立业就可以了。"

至此，他居然已泪流满面……

虽然涛子愿意继续读书，但我不能理解涛子想退学的原因。于是，我找来涛子的爸爸了解情况。涛子是独生子，从小父母分居两地且工作辛苦，疏于对他的管理，导致他上初中后开始叛逆，抽烟喝酒、打架斗殴、谈恋爱、顶撞老师、欺骗家长、混江湖……

涛子在一起打架斗殴事件中，伙同其他人拿刀把别人捅了，致使对方受伤严重。法院鉴于涛子当时还小且不是主犯，对其从轻处理，判处有期徒刑三年缓期三年执行。很长一段时间，都没有哪所学校愿意收留他，即使收留了也呆不了多长时间。因此，涛子到 20 岁才得以上高中，没有学籍，成绩差得一塌糊涂，养成了种种陋习……

退学风波虽已平息，为了彻底消除涛子心中的"包袱"，我又把他叫到了办公室。

"不要站着，坐到这儿来。上次退学的事就算过去了，现在你该静下心来学习了，你觉得呢？"

"老师既然留下了我，我肯定会努力的。"

"你知道努力就好。习惯是可以慢慢改变的，学习也可以一点一滴积累……你还有话想要对老师说吗？"

"没什么要说的了。"

"办公室就你和我，我会为你保密。你相信老师吗？"

"相信！那我告诉您，请您一定保密！"涛子顿了顿，说："上初中时……"涛子的描述和他爸的讲述如出一辙。

"你和受害者有矛盾？"

"我和他没矛盾，是我一哥们儿和他闹矛盾了，我是帮我哥们儿。"

"后悔吗？"

"刚开始觉得值，为兄弟两肋插刀，有义气。不过，这几年没学可上，父母担心，老师抛弃，同学远离。现在想想自己太傻了，没帮到兄弟，反而害了自己。"

"其实目的一致的情况下，我们采取的方式不同，结果也会大不相同。帮兄弟没错，说明你重情义。你错就错在方式不对，以为用'武力'就能解决问题，结果适得其反。有矛盾可以调解，有问题可以解决，但要学会运用正确的处理方式。"

此次谈话过后，涛子的心安定了下来。在后期的学习和生活中，涛子变得积极主动，事事为先。

高二上学期，我委派他担任班长。他敢管事、想管事、能管事，认真负责。涛子的行为习惯是改变了，但成绩却没有起色。我常开他玩笑，"涛子你不是基础差啊，是没基础哦！咱从初中开始，好好弄弄还有希望，坚持坚持再坚持。"就这样，涛子开始在学习上，发奋图强。

让人欣慰的是，涛子考上了本科。

不抛弃不放弃，坚持不懈，结果总归是好的。作为一名高中教师，只要我的学生都能有所成长，便足矣。

案例分析及教育管理建议

案例中主人公涛子长期缺乏家长陪伴与管教，青春期时情绪波动比较大，正处于社会角色和认同发展阶段，没有得到及时、正确的指引，最终走了弯路。为了"帮助"朋友，涛子采取了错误的方法，承受了严重后果，以致他重返校园时年纪大、成绩差又没学籍，跟不上班内同学的进度，丧失了学习的信心。同时，涛子也害怕遭受同学的嘲笑与排挤，被众多老师放弃过的他产生了自我否定情绪，心生退学的念头。

"人非圣贤，孰能无过。过而能改，善莫大焉。"对于犯过错误的学生，教师不能放弃他们，而是应当有一颗宽容之心，给予学生充分的爱与关怀，消除他们内心的症结，帮助他们从过去走出来。教师要主动去了解学生犯错的原因，循循善诱，让学生意识到自己的错误。如案例中的老师先是肯定涛子重情义，表达对涛子的理解，卸下涛子的心理防备，再指出涛子做法上的问题，引导涛子认识到自己的错误，帮助他走出那段创作经历。治愈了心理上的创伤，学生自然也更能把精力集中到学习上。

在学生情绪稳定后，教师要激发成绩落后、基础薄弱的学生的学习动力，首先应该帮助他们建立学习的信心。教师在用归因理论解释学生的失败或成功时，要避免"能力不行"这种难以改变的原因，而是要把失败或成功多归因于"努力"这一可以自我控制的因素，让学生走出自我否定的牢笼，帮助他们树立"我要努力"的信念。教师可以为基础薄弱的学生进行一对一辅导，这一做法可以有效解决学生与课堂教学水平不适宜的问题，帮助学生找到属于自己的学习节奏，从而恢复对学习的自信。教师还可以教会学生自我调节的策略。教师可以要求学生设立一个目标，如每天背20个单词，并记录自己是否完成。通过长期的坚持，学生会意识到自己是有能力的，从而提高自我认知，增强自我效能感。除此之外，教师可以委以这类学生重任，比如担任班干部。这既向学生传递了"老师认为你是有能力"的积极信号，让学生感受到老师对他的期待，又能让学生有表现自己、融入集体的机会，还能让学生产生"我要改变自己，做好榜样"的意识，从而激励学生不断努力，朝着目标前进。

一个苹果

深圳市龙华区华南实验学校 孙国林[1]

永远记得第一堂课，2016年9月6日，星期二，天湛蓝，云飘荡，抬首就在身边。那是踏上高原的第五天，我依然沉浸在新奇的感觉中。

铃响前，我走入教室，看见一个皮肤黑黑、眼睛小小的男生正在讲台上跳着锅庄舞。看到我进门，突然停下，手捂着头奔到座位上。我问他叫什么名字，他站立着非常羞涩地回答："曲扎。"

上课时，我与同学们交流化学学习的方法。曲扎看似在听，但眼神游离。当我转身写板书时，他就和周围同学打闹，完全没有了刚才的羞涩。我转过身来，他就正襟危坐，表情认真。以后的课堂，曲扎成了我重点关注的对象，我不断提醒他认真听讲。不然，课堂就会混乱无序，时不时会有纸团来回飞，或者谁的凳子被他突然撤空。曲扎的基础知识弱，前18位化学元素能写上来并熟悉的只有氢氧氮碳铝铁。他完全是一个无目标、无纪律、无习惯、无基础的高中生。

曲扎出生于阿里一个普通的牧区家庭，父母都是牧民。他还有一个没有上

---

[1] 孙国林，男，汉族，河北师范大学理学学士，深圳市龙华区华南实验学校高级教师，曾为西藏拉萨阿里地区高级中学援藏教师。

学的姐姐。在阿里地区，不少高中生像曲扎一样小学三年级才开始学习汉语，由于初中教学不连贯，导致知识碎片化，学生没有形成系统的知识体系。

但我相信每个学生都有自己的闪光点，关键要找到问题的根源。

教室、操场、宿舍，我开始不断观察曲扎。一个周六的晚上，学校放假休息。学生们在教学楼前跳锅庄舞，分成了一个个团队。曲扎在一个队伍里跳得很投入。我一走过去，他就招呼我："老师，一起跳啊，他们是校队的。"接着又说："我也会进校队的！"这一瞬间，他的眼神充满自信。我脑中一闪，说了句："学化学与学锅庄舞一个道理，只要你坚持，我会奖励你。"这时，曲扎头一抬，眉毛一挑："老师，明天奖励我一个苹果好吗？""没问题！"说完，我和他一起学着锅庄舞的步子跳起来。

第二天，我把一个红红的大苹果放在讲桌上，开始上课。曲扎眼神专注，紧紧盯着我的手势。等我提问的时候，他都会率先举手回答，而且答案都正确，最终赢得了苹果。课下，他告诉我，这是他上学以来第一次因为学习而获得的奖励。

以后的课堂，我确立他为学习小组的发言人。只要他有一点好的表现，我就及时表扬。看得出，曲扎学习化学的劲头很足。随后的自治区学业水平考试，他虽然没过关，但仅差 5 分，成绩竟然能排到全年级前列。在自治区组织的补考中，他很自信地告诉我："化学一定能拿到 70 分。"对于一个没有化学基础的学生，高中化学能达到这个水平已经很不错了。

案例分析及教育管理建议

　　教育的高质量发展，任重而道远。特别是对我国西部偏远地区，课程与教师队伍的建设、学生综合素质的提升等等，还需要给予更多的关注和扶持。本案例中，由于知识体系不连贯，曲扎难以跟上高中教学的进度，同时，对于生长在海拔4500米以上地区的学生来说，气候也是影响学习成绩的重要因素之一。综合多种因素，使得曲扎渐渐对学习失去了兴趣。

　　面对这种情况，教师首先应当以学生为本，真正扑下身子去观察和发现每一个学生，发现他们的兴趣、引导他们的志趣、激励他们的进步，通过不断的正向强化帮助和引导学生不断成长和进步。特别是在气候或环境特殊的地区，教师除了要了解每个学生内在的学习动机并依据需求层次分析学生的需求，还应当发现除了成长需求以外的其他重要的需求，比如对于基本生活的需求、安全及社交的需求等。在本案例中，一个苹果对于曲扎而言，就是当下最好的"奖品"。

　　其次，教师可以运用"登门槛效应"，逐步提高要求，凭借"小要求"实现学生的"大转变"。偏远地区的学生出于多种原因难以形成完善的知识体系，学习难度的突然上升对这类学生来说难以适应，容易造成他们的学习积极性和自信心下降。因此，教师要针对学生的学习情况适当为他们调整学习目标，通过挑战可以完成又有一定难度的任务帮助他们恢复自信，找回学习乐趣。此外，教师要及时对学生的表现作出积极反馈，多表扬和赞美学生的优良表现，鼓励他们坚持下去。

  对于教师而言，我们没有能力改变学生的生活环境，但是可以通过自己的努力激励他们找到学习知识、收获知识、运用知识的途径，激励他们用自己的智慧和双手改变命运。

几个小故事

西藏军区拉萨八一学校　赵然[1]　覃敏[2]

一、从一次打扫卫生开始

班上来了一名叫白玛的藏族女生。她不爱说话，很安静，成绩一般，每次看见我都很小声地喊"老师好"。因为她是中途转入班里的，很长一段时间，班里同学都不愿跟她交往，我也没有刻意关注过她。

正值运动会期间，一天上午，学生都在操场参加比赛，我临时到教室去拿东西，一进教室，看见白玛拿着扫帚正在清扫教室。"谁安排你打扫卫生？"我好奇地问她。"没有、没有，老师，"她紧张地说道，"地下很脏，我又没有比赛项目，所以就……"听她说到这里，我着实十分惊讶，借此机会好好地表扬了她一番。

后来，通过几次谈话，我知道她家里有6个兄弟姊妹，家庭收入微薄，入不敷出（2008年，西藏地区尚未全面实现"三包"免费教育政策；在西藏传统家庭中，女孩地位极低），因此她极不自信。从那以后，我每次发现她的优点就及时表扬，让全班同学学习她勤劳朴实、助人为乐的品质。

---

[1] 赵然，女，汉族，西华师范大学历史学学士，西藏军区拉萨八一学校中学二级教师。
[2] 覃敏，男，汉族，西华师范大学历史学学士，西藏军区拉萨八一学校中学一级教师。

渐渐地,白玛成了班级的焦点人物。同学们主动跟她交往,了解藏族文化习俗等。后来,她变得自信、活泼,成了班里的文艺委员。

二、飞来的粉笔头

晋美是一名藏族男孩,是很多老师眼里典型的"捣蛋分子"。平时任何破坏纪律的行为总与他沾边,年轻老师也总是他"欺负"的对象。

一天,正在上语文课,刚入职的语文老师正在黑板上写字,后脑勺突然被一颗飞来的粉笔砸中。老师转过身来,不由分说指着晋美说:"是不是你干的?简直目无师长,扰乱课堂,不想上课,就给我出去!"晋美只好站到教室门口,满怀委屈:"怎么在老师的眼里,什么坏事都和自己有关。"

后来,只要是语文老师的课,他就故意迟到或者趴着睡觉,成绩一落千丈。过了一段时间,班上另外一名学生才鼓足勇气,悄悄找到语文老师说:"那天的粉笔头是我扔的,今天向您说声对不起,请您不要责怪晋美同学,好吗?"

三、我的爸妈是收垃圾的

小李高二时转入我班,品学兼优。学校第一次月考,他在班上排名第四。考试结束后,我组织了一次家长会。其他学生的家长都到了,唯独小李的家长缺席。

事后,我问他:"为什么你父母没有来参加家长会?"他支支吾吾半天才说:"爸爸妈妈都很忙。"听完他的解释,我也没在意。很快又迎来了半期考试,小李成绩一落千丈,下滑到37名。我很纳闷,也很生气地说:"这次开家长会一定要把你爸妈请到学校来,我好好找他们谈谈。"

学生们都笑了,其中一个男孩说道:"老师,他不会让他家长来的。他爸爸妈妈都是收垃圾的,很臭。"话音刚落,全班哄堂大笑。小李满脸通红,头埋得低低的。我突然有点明白他成绩下滑的原因了。接下来,我找他沟通疏导了好几次,但没能提升他的自信心。于是,我暗下决心,一定要解决这个问题。

终于等到 6 月 5 日这天，我专门召开了一次班会。问大家："今天是什么日子？"学生异口同声地说："世界环保日。""既然是世界环保日，我们应该保护地球、热爱美丽的校园，问题是，我们该如何做呢？"学生纷纷举手说："不要乱丢乱扔垃圾、少买一次性物品、要废品再利用……"听到这里，我话锋一转说道："看来大家都认识到了废品再利用对于环保的重要性，那么李××同学的父母早就在从事回收废品再利用的事业了，已经走在我们的前面。他们一家子为我们美丽的拉萨贡献了力量，难道我们不该为李××的父母鼓掌吗？"刹那间，班上响起了热烈的掌声。小李高高地仰起头，脸上露出了灿烂的笑容。接着，我倡议全班同学把每天喝掉的饮料瓶收集起来，每周一次送到小李的家里……

渐渐地，班上同学改变了对他的看法，小李也不再为自己父母是收垃圾的而感到自卑，学习成绩慢慢回升到班级前五名。

四、一次假分数

班上有一个叫一凡的男生，高一入班以来，他打架斗殴、抽烟喝酒、顶撞老师，尤其缺乏自控力，上课总是主动找身边的同学说话……是所有老师眼中的"问题学生"。我与他的家长沟通数次，均不见好转。一凡每次考试成绩都极不理想，每一名教师都对他进行过严厉批评。他也试图努力过，但没有看到效果，最后干脆放弃了。

高一下学期，为了提高学生的阅读能力和知识储备，我倡议每名同学买一本自己喜欢的书。第二天，我惊奇地发现一凡的桌上放了两本崭新的书，一本是《自控力》，一本是《中学生版·中国历史》。

我问他："你喜欢心理学和历史吗？""不喜欢，没什么可买的，就买了这两本。"说着，还故意做出一副无所谓的样子。我打量了他半天，计从心来。不久月考结束了，我特地找出他的试卷仔细批阅，只有 49 分，但这次我没有把分数立即写在试卷上，而是重新批阅，提高了得分点的分数，最后在试卷上写下了一个大大的60分。评卷时，我照例宣布了某某同学在此次考试中进步了，大家也习以为常。但当我念到一凡的名字时，全班同学都惊讶了，一凡显得受宠若惊，急切地问我："老师，我考了多少？""你猜？"我故作神秘。"四十多？五十多？反正我考不了60分，这是历史的经验。"他既充满期望，又显得特别无奈。我清了清嗓子，大声念道："一凡，60分。"我同样用充满期望的眼神看着他，一凡兴奋得手舞足蹈，冲到讲台上从我手中抢走试卷，看了又看，然后贴在胸口上……

从那以后，一凡在课堂上的学习态度，发生了惊天逆转。他不再说话、不再做小动作，其他违纪行为也减少了，每次历史检测成绩都稳居班级前列。

案例分析及教育管理建议

进入小学后，随着儿童自我意识的不断发展，儿童的自我概念和自尊也得到了快速发展，它们会受到家庭、学校和周围同伴的影响。案例中的几个小故事从多个角度提出了影响学生自信的因素。

第一个故事中的藏族女生白玛因社会文化传统的影响在家里地位极低，长期得不到重视，这不仅导致她极度不自信，不愿与人交流，还使她的学习成绩无法得到提高。对于这类学生，教师要善于发现他们的优点，多多赞美、表扬学生，通过这样的方式，帮助学生意识到自己的价值和能力，从而增强学生的自信，提升其自我效能感。而通常自我效能感较高的学生会取得更好的成绩。

第二个故事中晋美被老师误认为扔粉笔。老师根据晋美平时的表现理所当然地认为是晋美做的，这严重打击了晋美的自尊心，让他形成"不管我怎么做老师都觉得是我的错"的想法，进而影响了晋美的学习积极性。很多时候我们容易根据自己的经验和认知对某一类群体做出判断，这会影响我们做出正确的决策和行为。面对常常调皮捣蛋或者学习不好的学生，教师一定要避免产生刻板印象，给学生贴标签。教师应当一视同仁，以同样的态度对待学生，维护每个学生的学习积极性。

第三个故事中小李由于家境贫寒遭到同班同学嘲笑，以致其产生了自卑情绪，自尊受损，成绩开始下滑。面对这种情况，教师要及时帮助班内学生树立正确的价值观，让学生明白每个职业都应该被尊重，不能对家境不好的学生有偏见，家境贫寒的学生也不应该以此为耻。教师可以通过开展主题班会或组织一些相关活动改变学生的认知，帮助受负面情绪影响的学生培养自信、乐观等正面的情绪，让他们安心把精力集中在学习上，激发他们的学习动力。

第四个故事中一凡虽尝试改变，好好学习，但因没有效果而使其自信受损，觉得某项学业活动不适合自己或者"我不是这块料"。久而久之，一凡便放弃努力，内心接受了自己的失败，陷入自卑情绪的泥潭中。这种时候，激发学生的学习信心是教师的关键任务。案例中的老师通过一次假分数让一凡看到了成功的希望，恢复了学习自信。这启示教师应当为学生制定一个适合该学生的教学目标，也可以把学习目标进行分解，让暂时落后的学生体会到进步的喜悦，帮助他们恢复自信，激励他们更加努力学习。

爱因斯坦说："自信是向成功迈出的第一步。"一个充满自信的人，不论遇到什么困难都会相信自己有能力克服，取得最终的胜利。一个充满自信的学生在学习上也会不畏挑战，勇往直前。因此，教师应当始终用欣赏的态度看待每一个学生，经常赞美学生的优点，表扬学生的进步，帮助他们塑造自信。

小结

从小缺少父母陪伴的蔡明浩行为乖张，而当老师帮他挡下那一脚踢踹后，他开始逐渐改变自己的行为，最终取得了学业上的成就。小涛，从小缺少管教，经常犯错，老师和同学们对他的印象很不好，但老师通过发现他身上的闪光点并积极与他沟通交流，促使其改变了原来的行为。旦增顿珠，不学习、打架、抽烟、烫发等样样有份，但上中学后，老师让他担任体育委员，旦增顿珠没有辜负这份信任并越做越好，最终改变了自己的坏习惯。走了很长弯路的涛子，因为一直跟不上班级进度想要退学，但老师没有放弃他，通过用心开导并时常激励的方式，最终帮助他顺利考上大学。曲扎，基础知识薄弱，上课不守纪律，老师没有直接批评教育，而是寻找他的闪光点，并时常给予表扬，大大提高了他的学习积极性。白玛、小李和一凡因为各种原因或自卑或调皮，老师深入了解后，采取一些实际行动帮助他们重拾自信，使他们逐步改变自己，渐渐顺应学习节奏。而因为刻板印象、"贴标签"等，老师错怪晋美，导致他更加抵触学习。

教师激励学生，首先要真诚以待，用心激励，不能仅仅是方法套路的简单使用，还需要用真心去感化。学生的积极性和感情紧密相连，当学生感受到教师的真情后，会更加敬重老师，理解老师的行为，从而充分提高自己的积极性和主动性。案例中，蔡明浩感受到老师的真心，开始主动改变自己的行为。同样，对于想要退学的涛子，老师不抛弃、不放弃，用真心换来涛子的进步。良好的师生关系是激励的前提条件，教师需要一视同仁，关心帮助每一位学生，理解和包容其难处。当老师付出真心后，也能得到真诚的回报。

其次，教师应当及时表扬学生的优秀之处，让学生保持良好的情绪状态。激励最好的方式就是表扬。当学生得到表扬后，会产生开心、满足等情绪，而这样的情绪对学习积极性提升和自信心培养都有帮助作用。小涛、且增顿珠等同学就是在老师的表扬下，开始认识到自己的价值，并积极配合老师改变自己的行为，取得学业进步。在对学生进行表扬之前，需要老师多和学生沟通交流，了解学生的特点，尤其是发现学生的闪光之处。每个学生都有自己的优点，老师要精准把握他们的优点并适时给予表扬，增加其自信心。另外，教师还可以为学生设置一些阶段性小目标，在目标完成后给予其一定的奖励，利用"登门槛"效应逐步提高学生的能力。

再次，教师要创设积极的学习氛围，提高学生的学习兴趣。个体的行为是个体与环境交互的结果，学生的行为容易受到班级气氛的影响。在教育实践中不难发现，学习氛围好的班级整个班的学生都很优秀，而班风差的班级大多学生成绩都不太好。可见，班级的氛围对于学生的学习热情尤为重要。教师需要打造一个积极向上的班级氛围，让整个班的学生都向着共同的目标努力。当学生处于一个良好的学习环境中时，会极大地激发其个人的学习兴趣，提高学习动力。教师可以通过举办一些活动促进学生之间的交流，鼓励他们相互学习、共同进步。对于表现良好的同学，教师应及时给予表扬，这不仅有助于强化其行为，还能够激励其他学生向其学习，提升整个班级的学习氛围；对于调皮捣乱的学生，教师需要用心改造，改变其行为，让其融入班级氛围中。

最后，要使激励能长期发挥作用，需要教师的陪伴和坚持。特别是对于一些"问题学生"，因为先前各种各样的原因导致学习行为和态度不端正，总是跟不上班级进度，教师要用心去陪伴这些孩子成长，帮助他们慢慢补足基础。这个过程是漫长且艰难的，需要教师长期坚持。比如案例中，对于基础薄弱的涛子，教师时常鼓励和帮助他，让其从初中知识慢慢学起。如果没有教师持之以恒的关心，涛子是很难坚持下去的。在这个过程中，教师要帮助学生找到属于自己的学习方法，让方法和个体差异相匹配，起到事半功倍的作用。另外，教师可以为学生设置一些目标并制定相应的计划，让学生有目标、有方向地努力。

  个体是需要被激励的，苏格拉底说"教育不是灌输，而是点燃火焰"，作为点燃火焰的人，教师不仅要传道授业解惑，更要激发学生的学习兴趣和热情，提高其积极性。激励要用心，唯有真心能够感化学生；激励要有方法，适当的表扬能起到很好的激励效果；激励要在环境中发挥作用，创设积极向上的学习氛围尤为重要；激励需要坚持，教师的恒心也是学生的恒心。总之，教师需要通过各种激励手段不断激发和培养学生的学习兴趣，促进学生个体的成长。

关键词

- **自我效能感**：个体在面对新环境时，会产生必要的自信心和胜任感（Lazarus & Flokman, 1984）。
- **登门槛效应**：是指当一个人接受了较低层次的目标后，适当对其进行必要的引导，往往会使人逐渐接受更高、更难层次的目标（Freedman & Fraser, 1966）。
- **马斯洛需求层次理论**：马斯洛将人类需求从低到高依次分为五种，分别是：生理需求、安全需求、社交需求、尊重需求和自我实现需求（周三多等，2018）。
- **归因理论**：是一种关于人们如何做出因果解释的理论，是关于人们如何从"为什么"开始回答问题的理论，它处理的是人们用来制造因果关系的信息，以及如何处理这些信息来回答因果关系的问题。该理论阐明了个体对自身或他人的行为结果的因果解释过程（Kelley, 1967, 1973; Weiner, 1985, 1986, 2010）。
- **自尊**：指个体感知到的理想自我与现实自我之间的差距（Rosenberg, 1965）。
- **使命感**：又被称作"感召力"，是指个体在某一领域体验到的强烈的、有意义的激情（Dobrow & Tosti-Kharas, 2011）。
- **成就动机**：力求成功并选择以目标为导向的成功（或失败）活动的一般

倾向（McClelland & Atkinson, 1948）。

◆ **内在诱因：** 人们享受活动本身的乐趣，并因此受到激励（Slavin, 2016）。

◆ **消退：** 撤除强化时，习得的行为减弱并最终消除。消退不是一个逐步减弱的过程，取消强化物之初，个体通常会提高行为的频率（Slavin, 2016）。

◆ **目标激励：** 指通过设立合适的目标，使被激励者产生向目标靠拢的动力和愿望，以实现其满足需要的预期结果。目标激励包括目标的设定、实施与实现三个步骤（褚宏启，2013）。

◆ **情感激励：** 指通过沟通、理解、尊重、信任、关怀等途径，影响受激励者的情绪，并满足其情感需求，激发其对组织目标的认同感以及其个人事业发展的成就感等，使其保持良好的学习心态与工作热情（褚宏启，2013）。

◆ **印刻：** 一种本能的学习方式，在早期发育的关键时期，年轻的动物对它看到的第一个移动的物体形成依恋，通常是母亲（黛安娜·帕帕拉等，2013）。

第四章

有效沟通

著名教育家苏霍姆林斯基曾说"我拿脑袋担保，如果学生不愿意把自己的欢乐和痛苦告诉教师，不愿意与教师开诚相见，那么谈论任何教育都是可笑的"，可见，师生之间的沟通十分重要。这一章案例中的学生或青春懵懂，或缺少陪伴，或身心略有缺陷，及时、有效的沟通对他们来说是一杯沁人心脾的热茶、一阵润物无声的和风细雨，能够驱散心底的阴霾、温暖幼小的心灵。

沟通的首要任务是倾听，不仅要听进去，还要听懂。成为一位好的倾听者，是教师沟通的重要内容，同时也是难点。沟通有多种形式，有语言沟通、文字沟通、形体沟通等等，这些都是在传递彼此的信息，以达成共识和共通。对于不同性格、不同情况的学生需要采用合适的沟通方式。教师在沟通时还要理解学生，主动换位思考，站在学生的角度理解和帮助他们，用耐心和爱心伴随学生健康成长。

奔跑的藏羚羊

西藏拉萨那曲第一高级中学　李明星[1]

此刻,央吉走在队伍最前列,她瘦弱的手臂紧紧擎着鲜红的队旗,脸上带着欣喜满足的微笑。她迈着小而紧凑的步伐,像一只即将跨冬的藏羚羊,无所畏惧地走向未来。羌塘草原的冬风,干辣辣地呼啸而过,而我的心底升腾起一股持久的热流,久久不息。

第一次见到央吉,是开学报名的时候。我注意到她,无疑是因为那只巨大的书包,像一座小山压在她的肩头,使得她本来瘦弱的身体显得更为单薄。她慢吞吞地走在一位藏族老人背后,小手牢牢捏着老人的衣角,老人手里紧紧攥着皱巴巴的录取通知书。走到我面前,老人弓着腰,脸上堆着慈祥的笑,一双皲裂的大手递过录取通知书。我接过单薄发皱的纸张,迅速填写完需要的信息。因为害怕老人听不懂汉语,我找身边人用藏文一字一句地向老人讲了入学的一些流程:先去宿舍放东西,然后在广场上集合,中午可以陪学生吃饭。老人听得很仔细,不时地点着头。央吉在老人的身后始终低着头,用余光四下打量着,一言不发。

---

[1] 李明星,男,汉族,陕西师范大学历史学学士,拉萨那曲第一高级中学历史教师,党务办主任。

央吉分在初一（9）班，在信息技术课上，学生们分为八个学习小组，正在激烈地讨论如何做一张具有那曲地方特色的宣传海报。同学们都在参与着这场有趣的讨论，有的甚至已经将创意展示在纸上，绘画了许多简图。当我走向一个小组时，看见央吉呆呆地坐在角落里，像只孤单的小兽。看到我走过来，央吉紧张起来，她将椅子向小组旁边挪了挪，不安地摩挲着黝黑的手指，紧张地望向教室某个角落，仿佛热闹的课堂与自己无关。

我走过去，弯下腰问她："央吉，为什么不和大家一起讨论呀？"

她低着头，用脚尖踩着地板上一块黑乎乎的泥渍，惊慌得从耳朵红到了脖子根，但就是不说话。这已经是她第三次被发现上课发呆，并拒绝与老师交流了。在前两次计算机操作考查课上，她以绝对沉默的方式拒绝提交课堂作业——极其简单的不足20字的Word文档。小组长告诉我，央吉甚至碰都不敢碰键盘和鼠标，也不愿意和其他同学说话。在周日下午的班会联欢活动中，她不但没有表演节目，甚至中途溜走了。事实上，几乎在所有集体活动中，她都呆坐着，一言不发。

自闭症？应该不是。因为在上周放学的时候，我看见她帮另一个小女孩拎书包，那应该是她从小到大的玩伴。两人嬉笑着在校园里奔跑，身后飞扬起一道欢快的灰尘，这让我陷入更深的思索中。

之后，利用课后时间，我咨询了央吉所在班的其他任课教师以及生活指导教师。他们无一例外对央吉的评价是：沉默寡言，上课不回答问题，在寝室里也很少说话，总是安静地在角落里坐着。

11月份，学校组织召开了本学期第一次家长会。我留意着央吉所在的班级。最后，我看到央吉盘着腿坐在角落里，旁边坐着那位藏家老人。他身着一袭藏装，花白的发盘在头顶，皮肤黝黑，皱纹细密，不时和央吉说几句话，嘴角漾起饱经风霜的老人才有的慈祥的笑意。

大会结束后，我专门去了央吉的班级，想和老人谈谈央吉的情况。在班主任的翻译和帮助下，从老人断断续续的诉说中，我终于了解到央吉的一些家庭情况：央吉的母亲三年前病亡了，父亲这些年在拉萨一家藏式家具厂打工,很少回家。实际监护人是她年逾古稀的爷爷和奶奶。自从母亲去世后,央吉就变得沉默寡言,不喜欢和别人交流了。

听着听着,我忽然明白了,央吉为什么一直不能融入集体生活,为什么不能抬头回答问题。对于一个从小缺失母爱的小姑娘而言,拒绝与外界接触是她本能的自卫方式。母亲的去世使"家"的完整性遭到破坏,幼年的央吉未能及时感受到来自母亲的呵护和关爱,导致她形成了极度的焦虑感、孤独感和自卑感,逐渐对外界表现出冷漠。而父亲又常年在外打工,导致正处于成长期的央吉无法获得父亲在思想认识以及价值观念上的正确引导和及时帮助。同时,由于祖孙两辈代沟较大,而央吉又处于成长发育的关键时期,使得她难以与爷爷奶奶进行有趣且深入的交流。因此,她变得更加孤僻、敏感、自卑和自闭。想起她瘦瘦窄窄的肩膀上那只硕大的书包,想起她小兽般四下打量的眼神,想起她静静地窝缩在角落里一言不发,我的心隐隐发痛。我该为这个小女孩做些什么呢?

又是一节信息技术课。计算机教室里,学生们好奇地滑动鼠标,查看着自己家乡的景色,尤其是全国瞩目的赛马节。那些精彩绝伦的赛马场面,骑手驾驭着心爱的骏马在草原上奔驰的图片,让孩子们激动不已。本节课的内容是教会学生浏览网页,主题则是《美丽的家乡——那曲》。当学生们在网上观看羌塘草原的迷人风光时,我注意到央吉坐在电脑桌前,不安地扭动着身子。最终,她的目光被吸引了。她新奇地看着屏幕上家乡美丽的自然风光,流露出激动的神情。我布置了课后作业,要求学生画一幅关于家乡的画。因为我通过央吉的祖父了解到,央吉非常喜欢画画。

下一节课,我在学生作业中发现了一幅特别认真的画:蓝天白云下,有美丽的羌塘草原,有五颜六色的花朵和成群的牛羊,还有一个穿着藏装的小姑娘。小姑娘坐在草地上,看着远处皑皑的雪山。画的最下角,有两个小小的字:央吉,画面给人的感觉既认真又虔诚。

于是,我让学生挑选了最好的五幅画,央吉的画当然在其中。按照惯例,每一名小画家需要站在讲台上讲解自己的画作。到了央吉的时候,她始终畏畏缩缩地坐在座位上，不肯到讲台上来。我的鼓励和同学的喝彩，显然并没有起到实质性作用。央吉执拗地低着头，旁边同学的窃窃私语加剧了她的不安，她的脸红得像熟透的苹果。

下课后，我把央吉留了下来。我想，是时候和她进行一次深入谈话了。一听说让她留下来，央吉的眼睛里充满了惶恐和不安。她手足无措地呆站在原地。等所有学生都离开教室了，我示意她端个凳子坐下来，以便她和我能够面对面坐着，像朋友一样聊天。

"央吉，你的画这么好，为什么不敢大胆地给大家讲解一下呢？"我问道。

她又一次不安地低下头去。

我又说："你不要害怕，现在只有你和老师，把你内心的想法说出来，老师就像你的大哥哥一样，有什么心事就大胆地告诉老师。"

她顿了顿，喃喃道："老师，我害怕说错了，大家嘲笑我。"

我微笑着说："你的画是最好的，表达自己的想法，并不会有什么对错之分，要相信自己啊。"看着她若有所思的样子，我又说："老师以前也特别自卑，不敢和其他同学说话，不喜欢班集体活动。后来，有一次作文比赛，没想到自己得了第一名，抱着人生第一张金灿灿的奖状，甭提有多开心啦！"

听到我这样说，央吉的脸上也泛出了放松欢快的神情。

我又说："央吉，这么多年了，你还想妈妈吗？"

她仿佛被击中似的，眼睛刹那间变得通红。她侧过脸去，似乎不想回答这个问题，气氛一下子变得凝重起来。正当我尝试着扭转局面时，她几乎控制不住自己的抽泣声，突然哽咽着说："我非常想妈妈，经常做梦，梦见和妈妈在一起。"

我的心无比柔软起来，满怀深情地说："你妈妈一定希望你现在过得开心，不管她在不在你身边，她都会知道你是一个特别勇敢优秀的姑娘，相信你可以自己照顾好自己。我们不能改变过去发生的事情，但是我们可以决定未来人生的样子啊！"

央吉望着我，眼里充满了激动的神色。她说："老师，从来没有人和我谈这些心里话，真的谢谢您！"

"人总是害怕迈出第一步，但是只要我们大胆地迈出第一步，以后的路一定会越走越好！听说，你不仅画画得好，而且跑得特别快！你爷爷说你跑步快得像头藏羚羊！"

"老师，我最爱在草原上跑啦。以前阿妈和我一起去放牛，我总是跑在最前面。"说到这里，她的笑容又一次凝固下来。

我趁热打铁道："所以说，你现在长大了，要像以前妈妈在的时候那样，勇敢地向前跑呀！"

她终于露出了轻松的笑容，我隐约感觉压在她肩上的山一样的重负，突然间消失了。

后来，在我的极力推荐下，央吉成为了班级的文体委员，专门负责每一期的板报绘画。到最后，她还成为了学校学生会的文艺干事。在解开了内心的疙瘩后，她变得越来越阳光自信。

今天，央吉担任了学校"12·9"冬季运动会的旗手，和班级的5名同学代表本班参加最后的接力比赛，并光荣地站到了领奖台上。

看着她带着一脸自信的笑容，高举手中金灿灿的奖状，我内心不禁感慨：奔跑的藏羚羊，自由驰骋吧！

案例分析及教育管理建议

案例中的主人公央吉从小缺失母爱，加之父亲常年在外务工，无法及时发现孩子的心理问题并给予适当疏导，使得幼小的央吉从内心感到无助与自卑。而唯一陪伴央吉成长的爷爷奶奶也已年过古稀，祖辈之间的代沟使央吉内心的焦虑与孤独无处诉说，封闭自我、拒绝与外界接触成为央吉本能的自卫方式。面对这样一个因缺少温暖与安全感而拒绝拥抱世界的学生，教师应通过适当的沟通对学生进行心理疏解，帮助学生走出心理阴影区。

首先，了解是前提。在正式沟通前，教师应对学生的情况做好充分了解，以便对症下药。教师可以从与学生接触较多的人群（比如任课教师、家长）中，了解学生的日常表现，初步判断症结所在，以明确沟通重点，提升沟通效率。

其次，找到教师与学生相同的频率——从共鸣之处打开学生心扉。沟通过程中，教师可以尝试借助自身与学生的相似点，找到情感"共鸣点"，从而拉近师生间的心理距离，使学生放松心理戒备，愿意敞开心扉。该案例中，教师以自己为例，借助轻松诙谐的语言，讲述自己少年时与央吉相似的经历，找到彼此间的共同话题，从而营造出轻快愉悦的沟通氛围，减少央吉内心的紧张与焦虑感，使央吉逐渐放下心里戒备，吐露心声。

同时，教师在沟通时应注意从时空上接近学生，增加和学生的亲近感。依据社会影响理论，他人在时间和空间上与个体的接近程度，会影响个体所感知到的来自于他人的影响。通过有效缩小沟通时双方之间的物理距离，可以促使学生更加强烈地感知到来自于教师的关怀与亲近感，降低彼此间的心理距离，提高沟通质量。

最后，教师应做到语言沟通与非语言沟通的有机结合。一方面，教师可以借助语言沟通，向学生传达出积极明确的肯定与赞美，帮助学生树立信心，减少自卑；另一方面，教师可以有效发挥非语言沟通的妙处，从潜意识里传达出自己对学生的关爱。对于心理比较敏感的学生而言，一个温暖的微笑或者是一个鼓励的眼神，都会让其感受到来自于老师的亲近与关爱，从而感化学生心灵，引导学生打开心扉，提升沟通效果。

老师愿意听你说

西藏拉萨中学　龙海风[1]　王征军[2]

在心底盛开一朵乐观豁达之花,你会看到整个世界都是那么美好。

作为心理咨询教师,在给学生做咨询的过程中,我常常感受到他们的各种情绪,如惆怅、苦闷、焦虑、烦躁、不安、胆怯、愧疚甚至是抑郁。有些孩子是因为成绩不够理想,有些孩子是因为外貌不够出众,有些孩子是因为人际关系不良,而有些孩子不快乐的原因藏得很深。

有一个孩子的故事,让我记忆犹新。

这个孩子,简称为明明。明明是被领导推荐过来的,这位领导当着明明的面说,这个孩子有很大的问题,上课不听讲,不跟同学来往,回家也不跟父母说话。

第一次咨询,让孩子完成了《个体心理咨询记录表》中一般资料和主诉两栏表格填写。(以下是我和明明第一次部分谈话内容)

明明:"老师,我看起来有很大问题么?"

---

[1] 龙海风,女,汉族,西南大学心理学硕士,中共党员,国家二级心理咨询师,现为拉萨中学专职心理教师,中教一级职称。
[2] 王征军,男,汉族,西南师范大学历史教育学学士,西藏拉萨中学高级教师。

我（张老师）："你怎么会这么问？"

明明："你刚刚听见了吧！那个人是这么说的。"

张老师："那你认同那个人说的话么？"

明明："认同不认同都那样吧，反正不重要。"

张老师："如果不重要，你为什么要问我的看法呢？"

明明："因为你是心理老师，可能会跟他们不一样。"

张老师："你是想听我明确的答案，是这样的么？"

明明："其实你的答案也没那么重要。"

张老师："如果你不关心我对这个事情的看法，那我们还可以聊聊其他你愿意说给我听的事情。"

明明："你真的愿意听我说？"

张老师："只要你愿意说，我都会愿意听的。"

明明："是吗？除了小瓜（化名）好像没谁愿意听我说内心的话。"

张老师："放心！你给我说的任何事情我都会为你保密的。即使是你亲近的人，没经过你的同意，我也不会告诉他们的。你可以相信我，像相信你自己一样。"

明明："这样的话，我倒是可以给你说一件事情。"

……

他第二次来找我，是半个月之后了。（以下是我和明明第二次部分谈话内容）

明明："要是我家里能像这里一样放松就好了。"

张老师："家里让你很不放松么？"

明明："对啊！家里压抑得要命。我已经一个星期都没在家里说一句话了。"

张老师："家里是发生了什么事情么？"

明明："我爸妈这个寒假去海南休假，要带我一起去。"

张老师："寒假去海南休假，听起来是一件让人开心的事情，为什么你会因为这件事情压抑呢？"

明明:"我不想去海南。"

张老师:"那你想怎么安排你的寒假呢?"

明明:"我想回云南看外公和外婆。"

张老师:"对于这件事老师觉得你可以跟父母说一说,争取让他们支持你。"

明明:"我爸肯定不会同意的,他说带我去海南多吸点氧,让我聪明点儿,免得傻兮兮的,带出去丢他们的人。"

张老师:"你爸爸说带你出去会丢他们的人,这话是什么意思?"

明明:"我爸妈每次出去见亲戚或是他们生意上的朋友时,总是说我不仅没有给他们长面子,还给他们丢人。我爸妈寒假都会去海南休假,他们出去玩儿,就把我关在房子里,把吃的东西留在房子里,就出去了,很久才会回来。"

张老师:"你没有跟他们一起出去玩儿?"

明明:"他们觉得带我出去丢人啊。"

张老师:"你给他们表达过你内心的想法么?"

明明:"懒得说,只有外公外婆说我很乖,不会给他们丢人。反正我跟着父母走到哪里都会丢人,不出去也好,自己清静,也不会给他们丢人。"

……

毕业前,明明总共来找过我4次。他最后一次走的时候跟我说:"老师,谢谢您!我好像开始愿意跟他们(父母、老师)表达自己了,您更像我姐姐。还有20天我就要参加高考了,以后我应该不会再来了,这个学校我跟您说的话是最多的,遇见您挺开心的!"明明脸上露出了我从他身上见到的第一个笑容。

孩子,你值得拥有更快乐的生活!

通过这4次谈话,我只感受到明明内心世界很小的部分,但是他愿意慢慢开始跟别人表达自己,就是一个很好的开始。只要跨出这一步,他就有机会看见更多美好。

父母不健康的教育理念和方式深深伤害了明明,希望有一天他能走出原生家庭的伤害,慢慢疗愈自己,不再生活在"父母面子"的阴霾中,豁达坦然,让心灵像花儿一样盛开,开启属于自己的幸福人生之旅!

案例分析及教育管理建议

活在"父母面子"阴霾下的明明同学，长期缺乏父母的关爱与理解，最终选择以封闭自我、拒绝跟外界交流的方式进行对抗。在看似不在意的外表之下，他的内心实际上非常渴望得到外界尤其是父母的认可。面对这样一个因缺乏父母认可与理解而选择封闭自我的学生，教师应该通过适当沟通，促使学生主动向外界尤其是父母表达内心感受，敞开心扉，接纳世界。

首先，教师应该避免刻板印象，理性地建立并表达自身对学生的客观看法。面对"问题学生"，一方面，教师应当"一碗水端平"，避免偏见，先思后言，切忌随意给学生贴上负标签，从而降低学生对教师的抵触心理。另一方面，教师要有一双善于发现学生优点的眼睛，并及时通过积极的语言向学生传递自己的肯定与认可，让学生感受到教师的真诚。美国心理学家威廉·詹姆斯说："人性最深处的原则就是希望别人能够对自己加以赏识。"学生的内心总是希望自己的表现能够得到教师的认可与赏识。因此，作为教师，不应该吝啬对学生的赞美，这些微小的肯定都会在无形中鼓舞学生。

其次，教师可以利用"权威效应"，塑造专业形象。权威效应作为一种极具说服力的力量，可有效帮助教师在学生心中塑造出一个值得信任或倾诉的形象，促使学生表达自我。该案例中，教师有效利用自己是一名心理咨询师的身份，向学生保证对谈话内容保密，从而在学生心中塑造出专业的形象，促使学生愿意放下内心的戒备，尝试与其进行交流，并从内心认可教师的建议。

同时，教师也可以采用询问式聊天方法，循序渐进地引导学生表达自我。通过这种和朋友交心的方式与学生进行沟通，不仅可以让学生感受到双方之间的平等关系，还能促使学生吐露心声。教师应当有效结合谈话语境，顺其自然地展开谈话内容，有意识地引导学生表达情感与自我，并给予其心理支持。

　　最后，教师可以采取借助外力的方式，通过诉诸父母来帮助学生。该案例中，学生之所以表现出偏激行为的大部分原因在于父母一方，为从源头上帮助学生改变家庭偏见与自身行为，教师还有必要做好父母方面的工作。通过与学生父母进行沟通，从思想上转变父母的子女培养观念，促使其意识到自身态度与行为对子女心理健康的重要影响，从而转变他们的教育方式，为子女健康成长营造积极的家庭氛围和良好的家庭环境，减少学生来自于家庭的心理负担。

青春不迷茫

西藏拉萨市第八中学　邓鸿[1]

青春，是人生最美好的季节。青春里的故事，总是那么耀眼夺目、五彩斑斓。

小哲是班里数一数二的尖子生，她性格活泼、乐于助人、善良懂事。初一时，每天下午放学，做班长的她总是等所有同学排好队，牵起第一排女生的手，像大姐姐一样领着她们井然有序地走出校门。每次看到她稚嫩却充满自信的背影，我心里就觉得无比温暖，总是被小哲的乐观、开朗以及对同学们的无私奉献而感动。她是上课主动举手、回答问题声音洪亮的那一个；也是主动维护班规、引导同学们团结友爱的那一个。记忆里她遇到任何困难都是一句"没关系的"，眼睛里透出明亮的光，两个甜甜的小酒窝挂在天真无邪的脸上，让人感叹造物主的偏心与美好。

可是，最近，我却发现她变了。上课时，她两眼放空，不时走神，书上的笔记做得乱七八糟。平时也不爱笑了，更不爱说话了。我心里不禁紧张起来，这个时期可是女孩儿的青春期，非常关键。于是我决定放学把她留下

---

[1] 邓鸿，女，汉族，西藏民族大学文学学士，西藏拉萨市第八中学一级教师。

来，好好跟她谈谈。

冗长的铃声之后，我走向小哲："老师想和你聊聊。""聊什么啊？都放学了，我着急回家呢！"此话一出，我甚为愕然。"小哲，老师看你最近上课状态不太对劲儿，是遇到什么事情了吗？老师特别担心你，愿意陪着你面对和解决一切问题。""老师，你想多了吧！我能有什么事啊？"小哲从来不是一个目无尊长、不懂礼貌的孩子，为什么今天却这么不耐烦？我愈加担心，看来这孩子是有事情了。

我特别想给她的家长打电话沟通一下，转念又觉得这样做似乎不太妥当。我还不了解情况，不能仅凭猜测和家长沟通。小哲对我都是爱答不理、逃避、叛逆的态度，万一家长一着急，处理方式欠佳，会不会让孩子更难受？孩子会不会心生逆反做出傻事？孩子情绪不好，一定是遇到了什么事情，给她一个过渡的时间吧！我决定先冷静地观察，后面找机会再和小哲沟通。

"小哲，你回家先好好写作业，多想些开心的事，老师会一直帮助你的。你还可以写信告诉我，明天见哦！"小哲见我没责怪她，便没再吭声，背着书包就走了。这种表现完全在我的预料当中。

第二天我早早地来到教室，没曾想小哲已经到了，看起来像是在等我的样子。她神色紧张地指了指讲台上，我顺眼看去，发现了一封信。我拿回办公室，迫不及待地读了起来："有个女孩子，不知不觉间喜欢上了一个阳光帅气的男孩子。白天在教室，她的目光总是跟随着男孩的身影；夜晚熟睡后，梦里也都是他；和死党聊天谈心，唯一能够吸引她的话题就是他。慢慢地，她生活的角角落落都被这个男孩子占据了。男孩子喜欢周杰伦，为了寻找共同的话题，没有音乐细胞的她就开始学唱周杰伦所有的歌，硬是把周杰伦所有的歌词都差不多给背了下来，还打算用歌词写一封情书送给男孩子。可惜的是，女孩的心意并没有打动那个男孩子。他不仅没有一丝动容，甚至连眼神都不曾落到女孩身上。这让女孩的心感到难过和沮丧。"

原来是早恋！中学时期，学生对异性感到好奇是正常的。这种单纯对异性的眷恋和向往并非成熟的男女情爱。对中学生而言，早恋就像伊甸园里诱人的果实，他们的爱毫无顾忌，认为爱是一切却往往不知为何而爱。因此，中学生的感情总是纯粹而又强烈。然而，不得不承认早恋会给中学生带来危害。这个时期正是他们学习知识、提升能力的宝贵时光。早恋不仅会占用他们本该用于学习的时间，还会分散他们的精力，让心理和思想尚未成熟的他们难以应对波动起伏的情绪，给正常的学习和生活造成困扰。

小哲正是被这种不成形的早恋困扰着。

既然小哲是用书信告诉了我这件"隐私"，我便到教室，告诉她："你先背会儿书，老师马上去给你回信。"我回到办公室，找出一张粉色的信笺纸，提笔写道："小哲，感谢你如此信任我，告诉了我这么重要的一件事。心扉一旦打开，就将迎来灿烂温暖的阳光。每一朵花都有属于自己盛开的时节，我们当下要做的便是静静等待，绝不是在什么都没准备好的时候去草率地下定义。抱怨、难过、自责都不是让事情变得更好的方法。值得爱的人才会被爱，我们要抓紧时间去成为一个值得爱的人。学识、涵养、理想以及你期盼的爱情，都会在 20 岁以后的将来，与你相见。"

来来往往很多封书信之后，小哲终于认识到了早恋对自己的危害，明白了自己当下该做的事情，再次全身心投入到学习中。我看着她依然自信的笑脸，甚感欣慰。在最后一封信里她摘抄了这么一段话给我："原来一生一世那么短暂，当你发现你的理想，就该不顾一切地去追求。命运似大海，当你能够畅游时，就该不顾一切游向未来的彼岸。因为你不知道狂流什么时候会到来，卷走一切希望与梦想。"

我想，小哲已经找到了她青春的方向——奋斗！

案例分析及教育管理建议

随着时代的变迁,学生们成熟得愈来愈早,早恋对于中学生群体来说是比较常见的问题。然而,心智尚未成熟的中学生对于"爱情"的感知与理解并不深刻,这反而会成为其创造美好人生的绊脚石。面对心生爱慕之情但尚未深陷早恋的学生,教师应该采用恰当的方式有效介入,从心理上纠正学生的思想观念,帮助其正确面对。

首先,教师要采取适当的沟通方式,把握交流分寸。处于青春期的孩子往往内心比较敏感,不愿轻易向他人吐露自己最真实的想法。除了口头沟通外,书面沟通不失为一种好方式。该案例中,书信成为了教师与学生间有效沟通的重要纽带。从一开始的拒绝沟通,到后期的主动"坦白",小哲前后行为的变化主要源于该教师恰当的沟通方式。起先,面对学生不是很有礼貌的沟通拒绝,该教师并未表现出生气与责备,而是以富有耐心的语言对其表示关怀,并引导学生采用书信方式进行"秘密"沟通,避免面对面的语言沟通给学生带来的心理负担。在收到学生的书信后,该教师清晰地意识到小哲对于此事的敏感与羞于表达,继续选择采用书信的方式与学生进行沟通,在有效保护学生敏感的心理诉求之外,更保证了沟通的持续性与有效性。

其次,作为学生健康成长的重要守护者,教师应该帮助学生树立积极向上的人生价值观。最美的年华里就应该执笔写梦,高歌远行。早恋会分散精力,甚至引起过大的情绪波动,影响学习质量。案例中的教师采用美好的语言将懵懂的爱恋转化为催人奋进的力量，巧妙地引导学生当下应专注学业，追求理想，最终引起学生共鸣，帮助学生树立正确的人生价值观，成功实现"迷途知返"。

最后，教师应注意与学生平行交流，避免"沟通位差效应"。有效的沟通莫过于朋友间交心似的谈话，教师应努力扮演一位知心朋友的角色，做到平等交流，从而拉近与学生的心理距离。尤其是在沟通过程中，教师应该学会放低姿态，主动与学生做朋友，让学生感知到双方地位的平等，增加学生对教师的认同与好感，避免长辈式的压力，促使学生愿意敞开心扉，自然舒适地进行交流。

你不说，我也懂

西藏军区拉萨八一学校　代伟

泽玉是我班上的一名女生，为人聪明伶俐，接受能力强，能言善辩，学习成绩在班上也始终名列前茅。但是由于家庭教育方式、所处社会环境等方面的原因，该生的学习和行为习惯较差，且只接受表扬、不接受批评。

泽玉的父母因感情不和离异，由外婆照顾她的生活和学习。她上课喜欢接嘴，不管问题的答案是否正确，总是不假思索地脱口而出，多次干扰老师讲课的正常思路。平时，她只要受到老师的批评就情绪激动，与老师争辩。而且，对于老师的批评，她常常心怀怨恨，认为老师是针对她。在与同学的交往中，她也常常表现得十分自私。

有一次，泽玉在课堂上违纪，被老师批评了几句，心里闷闷不乐。到了晚上，她一直趴在课桌上不学习。老师发现了，又批评了她几句。突然，她想离校。为了达到回家的目的，她先向任课老师请假，说自己有些缺氧，心脏感觉发闷，想出教室透透气。老师同意了她的要求。当她一走出教室，表演就开始了：没走上几步，她就"难受"得蹲了下去，表现出极为缺氧的样子。其他同学看见了，立即扶着她往学校医务室去。任课老师也立即赶到了校医室。医生给泽玉做了一些检查之后，悄悄告诉我，泽玉身体没有缺氧症状，没有发现任何问题。我走过去，对泽玉说："回教室上课吧！"泽玉装作没有听见，继续闭着眼睛，显出一副很痛苦的样子。我见此情景，让其他两名同学先回教室上课。等两名同学走后，我直接对泽玉说："别装了，回去上课吧！"听我这么一说，泽玉一下睁开了紧闭的眼睛，站了起来，边哭边说："你们都看不起我，我要退学！"听她这么一说，我知道，今晚再留下她学习已经没有可能。于是我拿出手机，给她妈妈打了电话，要求家长来学校接她回去，并将泽玉的表现对家长简单作了说明，希望家长回家后与孩子好好谈谈。

第二天，泽玉在母亲的陪伴下回到了学校。一到学校，泽玉若无其事，好像什么都没有发生一样。但我从她的眼神里，分明感觉到了她的忐忑。我心平气和地将她叫出教室，首先询问了她的身体状况。在我的关心下，泽玉原本戒备的心理防线有所松动。随后，我又故意轻描淡写地说起了昨晚她的"缺氧"，我告诉她，在西藏这种特殊的高寒缺氧地区，人如果不能处理好自己的情绪，确实很容易导致缺氧。我问她："你昨晚情绪比较激动，是不是感觉有些缺氧了？"她看着我，然后点了点头。我告诉她，以后有什么事，可以开诚布公地对老师说出自己的想法，而不是采取极端的方式。听了我的话，泽玉再一次点了点头。

第三天上午，泽玉主动找到我，说要与我谈谈。我知道，她一定进行了激烈的心理斗争。谈话中，泽玉主动向我承认了错误，说自己前晚太冲动，为了达到回家的目的，故意装缺氧，而且故意装晕厥来欺骗老师。她还说到，自己以前心里确实是恨老师的，认为老师们都在排挤她、刁难她。但昨天回到学校后，觉得自己以前的想法是错的，老师们是在关心她、爱护她。她表示，自己以后要认真学习，积极为班集体作贡献。

从此以后，泽玉像变了一个人似的。

她开始上课认真听讲，不再接话，思考以后再回答问题，与同学的关系也一步步改善，对班级的事情也变得热心起来，该自己做值日时，也努力做到最好。原本任性自私的泽玉不见了，取而代之的是一个阳光热情的新泽玉。

案例分析及教育管理建议

案例中的泽玉因父母离异从小缺失完整的父母关爱，畸形的成长环境促使其形成了偏激的处事态度。面对行为偏激的学生，教师在沟通时应该采取"春风化雨"式的柔和方式，用真情感化学生的心灵，维护学生敏感脆弱的自尊心，避免因方式强硬而导致矛盾激化，帮助学生"改邪归正"。

首先，留面子，护自尊。自尊心作为学生心中最敏感的部分，教师在沟通中应学会尊重并保护。案例中的泽玉喜欢随时表达自己的观点而不顾及别人的感受，这一定程度上反映出孩子极强的表现欲望与自尊心，这就要求教师在与其沟通时注意顾及。该案例中，教师通过两个步骤有效地维护了学生的自尊心，先是在没有其他学生的情况下才"拆穿"泽宇的"把戏"，避免让泽宇在学生群体中感到尴尬，使矛盾进一步激化。其次是在第二天泽玉归校后，故意将泽玉缺氧的事情轻描淡写，给学生"台阶"下，维护学生的面子，进而减弱学生对老师的抵触，使学生接受老师。

其次，以理为主，以情为先。高尔基曾说："谁爱孩子，孩子就爱他；只有爱孩子的人，才可以教育好孩子。"面对缺少家庭关爱的学生，教师在沟通时应主动表达自己对学生的真心关怀，释放出友好的信号，给学生以亲近感、信任感。案例中，泽玉偏激的性格多源于家庭关爱的不完整，教师在与其沟通的过程中应该主打"情感牌"，通过真诚温暖的语言，让学生明白老师的关怀与良苦用心，达到动情效应，从而使学生愿意向老师敞开心扉，表达自我。

最后，注重语言技巧，运用暗示效应。教师要掌握师生沟通的语言艺术，在重视语言表达的内容的同时，更要注意语言表达的技巧，以免激发学生的抵触心理。面对泽玉"假缺氧"的欺骗行为，该教师并未因此而处罚学生，而是借助"情绪激动容易引起缺氧是一种正常行为"的巧妙语言，既有效为学生打圆场，给学生留有余地，同时又暗示学生应该注意控制自身情绪，避免情绪偏激。作为一种良好的沟通方法，积极的暗示既能让对方真正领悟到表达者自身的意图，又不至于因为过于直白的表达给沟通双方带来尴尬。这启示教师在与学生交流的过程中，不要一味地抓着学生的错误不放，应当给学生改正错误的机会，同时也可以借助暗示的方式，让学生慢慢领悟个中道理。

毕业后，我收到了他的新春祝福

西藏军区拉萨八一学校　李秋枫[1]

"老师，祝您新春快乐。我不太会说话，以前也不懂事，给您添了很多麻烦，让您生了很多气，对不起。"——2018年2月17日，农历戊戌年正月初二，我接到了他的拜年电话，心里顿时不平静了。

大凡，不仅个子大，一米八几，比其他同学高出一头；而且年龄大，读高二就20岁了。他是高二时转入我班的。报到那天，我去教育局办事，辅导员代我办的插班手续。他的父亲给他安顿好一切后就回到自己的工作地——一个离学校近千公里的城市，留下大凡一个人在这里读书，一直到高中毕业。

一般情况下，新生报到，我总是要了解一下学生的基本情况，比如家庭状况、求学经历、个人成长、脾气秉性等，顺便和家长互留联系方式。然而这次和他父亲的擦肩而过，使我错过了这些信息，也给今后的工作带来了诸多不便。

20岁才读高二，这一定是个有故事的学生。果不其然，很快我就收到了

---

[1] 李秋枫，女，汉族，河北师范大学文学学士，西藏军区拉萨八一学校中学高级教师。

来自学生和任课教师的大量反馈：学习成绩差，没有任何基础；课堂表现差，我行我素，不听老师的安排；组织纪律差，住宿期间多次出现夜不归宿的情况；性格孤僻，不与人交往，没有朋友……

我知道，这个学生会是我重点关注的对象。我心想，成绩差、调皮捣蛋的学生我见的多了，没什么大不了的。可是，他却给我了个"下马威"——拒绝与任何人交流。而我也得不到来自他家人的任何配合，他父亲从来不来探望他，登记簿上留下的电话也是打不通的。很长一段时间里，我都没有见到过他的父亲。

我曾尝试着用各种方式和他交流，以为20岁的他比班上其他学生大三四岁，已是成人了，应该更懂事，更懂得责任。但我错了，我们连最基础的交流都陷入了困境。我一直在讲，他一直不吭声。我也尝试着询问他的家庭情况，他却没有任何反应。没有预想中的牢骚和抱怨，宿舍的同学对他也一无所知，他完全成了同学眼中的怪人。

无计可施的我只能暂且放放，也许过些日子，我们相处久了会有改变……

如果没有后面一系列事件的发生，大凡可能只是我将来连名字都回忆不起来的普通学生之一……到了高三，大凡玩起了失踪，起初是请假到校外输液，从一两天到三四天。我知道这不正常，但学校不具备输液条件，他又没有任何亲人在这座城市，不让他出去又怎么办呢？后来，大凡愈演愈烈，发展到随意外出，有时长达十多天！而且走不请假、回不销假——这是不能容忍的事情。

是时候解决问题了，要么退学，要么请家长到学校来说明情况并就近伴读。我给他下了最后通牒，并专门强调："没有商量的余地！"

"我家长来不了。"大凡的脸上依然没有什么表情。

"那你就只能退学。"我的态度必须明确。

"我不读了，办退学手续吧，我知道你们都烦我。"听着这句话，感觉大学对他而言似乎并不重要。

"退学也得由你的家长过来办理，你个人是不能办的。"

"我自己的事情，自己来办，用不着家长。"对我的"刁难"，大凡很不满意。"他从来没管过我，我也不用他管。你根本不知道我是怎么活下来的，凭什么让他来管？我早和他断绝父子关系了！"大凡终于爆发了，我是第一次见他如此激动。

"要不是为了爷爷奶奶，我早就不读书了。"

"不读书了，你能做什么，打工去吗？"

"我去找一个深山老林隐居，一个没有人能找到我的地方。这个世界不属于我。"这句话好像不该出自一个20岁刚出头的青年之口。他接着说："爷爷奶奶把我带大，我答应他们考大学的，不然我根本不会来这上学。"

大凡只谈爷爷奶奶，根本不谈自己的父亲。我知道父亲是他心中的一道坎，也是挥之不去的阴影。如果不能了解背后的情况，很难解开他心中的结。在后面的交谈中，我得知还有一个阿姨一直在照顾他。经过再三劝说，大凡终于答应让阿姨来学校一次。

几天后，我从阿姨的口中断断续续得知了大凡的一些身世。大凡很小就没有妈妈，父亲性格不好又忙于生意，经常忽略这个儿子，没有谁真正关心这个孩子的成长。时间长了，在这个家庭中，做饭、穿衣、看病都得他自己独立去完成，小小年纪就要承受太多白眼。"他从小遭了好多罪，挨了好多打，他们父子也没话可讲，我是他唯一可以信赖的人。"从阿姨的话中，我听到了太多无奈。

看得出，阿姨是个善良的女人。后来得知，阿姨是大凡父亲现在的妻子，是大凡事实上的继母。我向阿姨介绍了大凡的现状，希望能得到她的帮助，让大凡完成学业。阿姨答应会加强他们父子的沟通，并表示愿意把自己经营的小店暂时关门，在这里陪读一段时间。

后来，我们和大凡又有了一次长谈。

"父爱和母爱不同，父亲不善于交流，他把你送到全区最好的学校来读书就是爱的形式。在高考备考的阶段，你的阿姨愿意到这里来陪读，肯定也是你父亲的主意，没有你父亲的支持，阿姨怎么能这么长时间来陪你？不要总是拒绝自己的父亲，他是你在这世界上最亲的人了。你要尝试着去交流，学会容纳自己的亲人，也许会有一些改变。"

绝不当着孩子的面去数落父母的不是，这是我的一个原则。即使孩子心中非常怨恨自己的父母，也绝不愿意让别人来数落。

我没有强迫大凡去做什么，只是提醒他方便时给父亲打个电话、报个平安，或者向父亲提个小要求之类的。其实，很多时候，大凡根本做不到，但他并不排斥我的提醒。

此后的很长一段时间，大凡依旧会缺席，但总会打个电话，告诉我他的行踪。大凡依旧不能安心在教室里学习，但身上的暴戾之气，少了很多。

秋季学期结束的时候，我终于见到他父亲来接他回家。

第二年开春的时候，大凡回到自己的城市报名高考，我给了他一些建议，并告诉他一些相关的手续应该和父亲一起去办理。

再后来，大凡告诉我，他不想参加今年的高考了。我没有坚决反对，只是提醒他应该征求父亲的意见。我知道，以他现在的状况，当务之急不是求学，而是如何融入社会，学会和他人交往。

这并不是一个完整的故事，坦率地讲，在大凡的成长之路上，我并不是一个合格的引导人，我无法改变他对社会的认知。如果非要谈一点成就的话，那就是我在他和父亲的关系中起到了一些微不足道的促进作用。我希望，大凡能从接受自己的父亲开始，接受这个属于他的世界。

春节的电话，带来的不仅是大凡的祝福，还有他对我的认可，但愿他的世界越来越丰富。

案例分析及教育管理建议

家庭的不完整与父爱的缺乏,造成了大凡偏激的性格与畸形的人生价值观,拒绝沟通成为阻碍大凡接纳世界的绊脚石。面对学生的沟通抵触情绪,教师应该选择恰当的时机与方式,引导学生敞开心扉,表达自我。

首先,教师应当捕捉沟通时机,以理导行。对于"问题学生"的错误,教师不可一味地姑息迁就、没有原则地让步,应该找准沟通时机,运用批评与说理相结合的方式,在对事件进行客观分析的基础上,让学生真正意识到自己所犯的错误以及可能带来的不良影响。案例中的教师在初始沟通失败后,没有继续"追究",而是选择"放一放",等待下一次沟通的有利时机,最终抓住问题要害,直接导入沟通要点,有效提升了沟通效果。

其次,面对选择沉默的学生,教师应实现有效"借力"。通过向学生相对亲近的人员了解情况,寻求帮助,以提升沟通效率。案例中的阿姨作为大凡为数不多的信赖的人员之一,该教师通过与阿姨的沟通,不仅快速有效地了解了大凡的情况,掌握大凡的症结所在,还与阿姨形成合力,充分发挥阿姨在大凡与其父亲之间的沟通纽带作用,缓解大凡内心的偏激情绪。

最后,教师应注意为学生留有空间,给予他们适度尊重。对于思想比较偏激的学生,教师应避免过于强硬的教育方式,通过有效借助"软方式"与学生沟通，为学生自我调节留出空间。该案例中，面对大凡对于与父亲沟通的强烈排斥，该教师采取适当宽松的方式，时常提醒大凡，在避免引起大凡抵触心理的同时，又在一定程度上促成了大凡与父亲的沟通，取得了一定的沟通效果。

每一段青春都是限量版

西藏军区拉萨八一学校　尚雅曼[1]

这是我的一篇工作日志：

"每一段青春都是限量版

时间有限

不要重复无意义的事

不要活在别人的观念里

不要害怕遭遇挫折失败

勇敢追随自己的心

有些事现在不做

一辈子可能都不会做了"

再次读到这篇日志时，那可爱大男孩的模样又一次清晰地浮现在我眼前。

故事是这样的：

周五是我的晚自习，除了辅导学生作业之外，我偶尔也会走到学生中转一转，看看学生是否在认真做作业。有一次，我发现一个男生趴在桌子上，

---

[1] 尚雅曼，女，汉族，河北师范大学外国语学院文学学士，西藏军区拉萨八一学校中学二级教师。

手里居然还玩着手机。更令人惊讶的是，当他发现我站在跟前，男生直接就把手机给了我，甚至没用我说话。直觉告诉我，男孩一定是遇见了什么事情，否则不会这么平静地就把手机交出来，而是会跟老师"较量"一番。

课间10分钟，他依然趴在桌上一动不动。男孩可能是有什么事情，我要找他谈一谈。于是，第二节晚自习时，我把男孩叫到教室外面，还没说两句话，一个一米八几的大男孩居然蹲在地上，哽咽着哭了起来。这一幕吓到了我！

原来，男孩失恋了。

第一节晚自习时，男孩正在通过手机QQ找他的女朋友，请求她不要分手，他非常在乎她。然而，女孩一直都没有回复他，连最后挽留的机会都没有给他，这让他感到绝望。所以，男孩没有做任何挣扎，把手机交给了我。

作为一个大学刚毕业参加工作的老师，我竟有些不知所措，不知道该怎样去劝说男孩。我想，此时陪在他身边听听他的倾诉也算是一种安慰吧。

接下来，我一直站在教室外面陪着男孩，听他讲他的故事，也给他讲一些劝慰的话，甚至掏心窝地跟他分享了自己的一些经历。不知不觉中，一个小时过去了，男孩的情绪也渐渐稳定了下来。

晚自习结束了，我把手机还给了男孩。我告诉他在困惑或想不通时，可以给我打电话或者发短信。因为，我还放心不下这男孩，怕他会做出过激的事情。

回到家后，手机短信提示音响了，是男孩发给我的短信内容：

"尚老师，谢谢您！我会慢慢长大。谢谢老师能够站在我身边，陪我渡过难关。"自己也很庆幸，没有在不明情况的时候直接批评他，而是选择了耐心倾听，帮助他一起面对成长过程中的挫折。

周末补课的时候，我留意到男孩的情绪依然非常低落，一副感情受挫后萎靡不振的样子。上课时，我偶尔会提问他一些简单的问题，提高他的注意力；课下，我建议他不要让自己沉溺在失恋的阴影中，试着放下。同时，我发动他的好朋友，约他运动，去运动场上挥洒汗水，释放自己心中的情绪。我和同学们虽然在一定程度上帮他排解了一些烦恼和郁闷，但是想真正走出失恋的阴影，还是要靠他自己。

在一个被冬日暖阳拥抱的午后，即将结束一周课程的时刻，我找到了他，问他最近的心情如何。男孩叹了叹气，似乎仍然有一股闷气在心中无法释怀，欲言又止。于是，我对男孩说："在我们的一生中总是会遇到这样或那样的事情，不论是情感、生活或者工作，这些都是生命中非常宝贵的经历。这些经历教会我们成长，教会我们勇敢。生活并不是一帆风顺，恰是这些反而使得我们的生活更加精彩和与众不同。挫折和痛苦是成长过程中无法避免的，但当我们告别这些并不愉快的经历，再回头看时，那或许将发酵成我们生命中最美的回忆。"

男孩默默地点了点头，似乎明白了什么，或许也是在表达认同，可是眉头依然没有舒展。"如果你还有什么想跟老师交流的，可以随时给我发短信。"

第二天吃过午饭，我在家，又收到了他的短信：

"尚老师，谢谢您！我走出来了，我走出了这个深谷！昨天，三四节课的时候，我的心情跌落到了谷底，很无助，很心酸，到了我能承受的最大限度。也正是昨天，您的话让我释然了，我从这个深谷中走出来了。谢谢您陪我共渡难关，我已下定决心忘了她，这段经历将成为我人生中一段美好的回忆。"

在读到这条短信的时候，我的心也释然了！不仅仅是这个大男孩经历了让青春期变得更加有意义的事情，更重要的是他成长了，真的变成了一个大男孩。

我望着窗外湛蓝的天空，拉萨午后的阳光似乎更加明媚、更加温暖了。

案例分析及教育管理建议

倾听不仅是一种帮助我们了解他人的方式，也是为他人疏导压力、带来宁静的良好途径。案例中的教师通过倾听为因失恋而陷入消极情绪的男孩提供了倾诉空间，帮助男孩舒缓心理压力，走出心理阴影区。这启示教师，对于情绪失落的学生，在沟通时应该做到换位思考，了解学生所需，为学生提供针对性的帮助。

首先，教师要善于倾听。倾听作为有效沟通的前提，只有善于倾听，才能了解学生在想什么、在关注什么以及需要什么。英国管理学家威尔德说过，"人际沟通始于聆听，终于回答"。在人际交往的所有沟通行为中，高效倾听，最能使对方感受到重视及肯定。因此，教师在与学生的沟通中应学会聆听、重视聆听，用心去感知学生的内心。

其次，教师应当打开心锁，怀揣一颗真诚的爱生之心。教师用真诚打动学生，走进学生的内心世界，学生才能感受到教师的一片赤诚，才有意愿敞开心扉，表达真实的想法和情感，才能以真心换来真心。案例中的教师不仅甘做学生的倾听者，聆听学生的感情故事，还主动将自己的经历与学生诉说，建立起朋友般的友谊，帮助学生放下心里包袱。

同时，教师要注意保持沟通的持续性。有效的沟通并非一蹴而就，需要长期不断地进行交流，尤其是对于内心比较脆弱的年轻人，情感上的失落并非短短几日便可消除。一方面，教师应该注意关注学生情绪的变化，保持双方对话的长期稳定性；另一方面教师还要根据不同时期学生的内心变化进行柔性沟通，实现沟通的因时而异，在不同时期为学生提供不同的"救助"方案，帮助学生有效走出心理阴影。

感恩心与平常心

西藏拉萨市特殊教育学校　林利华[1]

作为一名特殊教育的教师,我每天面对着一群特殊的学生,他们有耳,却听不见这个世界的声音;有眼,却看不见这个世界的色彩。他们坚强乐观地生活着、生长着、学习着、奋斗着,感动着、感染着身边的人,也感动着我。作为社会的一分子,他们让这个世界更加丰富和完整。

这是三年级(盲班)的定向行走课。

定向行走课程是国家义务教育课程《三类残疾儿童的课程标准》中的规定性课程,也是盲教育的基础课程,旨在培养视力障碍学生的生活适应能力下的行走能力。一、二年级主要是在学校中进行行走训练,熟悉校园环境,三年级开始到校外培养学生适应社会环境的能力。在这个过程中,学生需要克服害怕心理以及进行分辨方向与定位能力的训练。

三年级(盲班)共有7名学生,周三的下午是他们班的定向行走课。对于长久在学校里面待着不能出门的学生来讲,外出进行定向行走课程,对他们来说是十分值得高兴的事情。所以,周三的中午同学们就换上了干净的衣

---

[1] 林利华,女,汉族,江苏省南京晓庄学院教育学士,北京师范大学访问学者,西藏自治区拉萨市特殊教育学校高级教师。

服，带上盲杖，等待着老师的分组与"出发"命令。

第一次定向行走课，当大家到达龙王潭公园开始行走的时候，人们忽然一下子看到这么多带着盲杖的小盲人，很是好奇和惊讶，纷纷驻足围观。学生们也一下子懵圈了，紧紧地靠在一起，不愿意往前踏出一步。这个时候，我才意识到忽略了前期的教育准备，第一次的外出可以说乘兴而去，败兴而归。

于是，我赶紧调整课程策略，利用晚自习时间，进行以下几个方面的引导：

（1）独一无二的我

我问学生："这个世界上还能不能找出第二个一模一样的自己？"

学生答："不能。"

我说："是的，尽管我们的眼睛看不见或是看不清这个世界，但是我们始终是这个世界的唯一。因此要有自信，不怕别人看，因为我们长大以后都会离开学校，进入社会生活。我们的定向性行走课就是要教会大家以后怎么样到更大的天地间去行走、去上班、去购物、去生存、去生活，因此一定要走。勇敢地走，走向前方，走向独一无二的自己。"

（2）面对别人的帮助请发自内心地说一声："谢谢！"

这个世界总归还是好人多，当我们遇到不便的时候，也总会有那么一两双温暖的手帮助我们。譬如：面对我们上车时的行动不便、拖拖拉拉，公交司机总是耐心等待；总会有好心人、热心人给同学们买饮料、买食品。其实想一想，当我们在学校周围进行训练时，总是碰到许多愿意给予我们帮助的人，如果下一次遇到了，请大家发自内心地说声"谢谢"。

（3）学会释然

面对不理解、不尊重、不帮助时，请悄悄地对自己说一声："没关系，人家不欠自己的，没那样的义务。"譬如，乘坐公交车，若是人特别多，我们可能会坐不到座位，请大家扶好扶手、抓稳椅子，保证自己的安全。不要怪别人不让坐，我们是免费乘车，别人是买了票的，所以我们没理由耿耿于怀。

在进行了这样的事前沟通之后,周三的定向行走课程,孩子们就能够按照事先分组进行导盲式的行进行走训练。在这个过程中,真的遇到许多好心人给他们买吃的、喝的,围观的人也越来越少,孩子们也越来越勇敢地去接触更广阔的空间,去更多的地方行走。

一个周三的下午,课程结束以后正好赶上晚高峰,车上挤满了人,同学们好不容易上车后,都小心翼翼地靠在一起,抓紧了扶手。车子缓缓向学校方向驶去。这个时候,一个中年妇女,嘴里蹦出了令人不舒服的话语,汉语意思:"真恶心,全部的眼睛都看不见,带出来干嘛?就在家里好好待着得了。"我看到孩子们听到她的话语,脸上的神情越来越凝重。我伸出手去一一拍了拍孩子们的肩膀。或许,那个女人没有想到我具备一些基础的藏语听力和表达能力,我用藏语对她说:"姐姐,我们的眼睛是不太好,可是我们却会用心看这个世界,咱们出来并没有碍着您啥事,也没有请求您给我们让座,请您不要这样说话。"回到学校,我问学生怎么样?他们说没事,正如老师讲过的一样:"在这个过程中我们或许会得到某些人的帮助,也会有人表示不理解、不尊重。面对帮助,我们感恩;面对不理解、不尊重,悄悄地对自己说一声'没关系'。"事后,我有些伤感,又庆幸自己给学生做过事前引导。

人们都说"特殊教育是良心事业",也许我们没有高分数、高升学率带来的光环,有的始终只是一份平淡与坚守。作为教师,我们需要这样"润物细无声"的潜移默化与"愚公移山"的坚定意志,带领孩子们一点一点地进步!

案例分析及教育管理建议

案例中的孩子们是一个特殊的群体，身体机能的不健全使他们缺乏面对社会目光和现实生活的自信。此时，教师应该通过心与心的沟通，帮助学生从内心改变对世界的认知，促使他们以一颗感恩的心面对社会。

首先，沟通要讲求及时性。当学生遇到突发问题时，教师的沟通要做到及时有效，以便在关键时候发力，将沟通的效果最大化。该案例中的教师在首次定向行走课出现突发状况后，及时利用晚自习时间为学生做心理疏导，安抚学生的消极情绪，消解学生内心的挫伤感与自卑感，帮助学生重拾信心，避免消极影响进一步蔓延。及时有效的沟通可以在最适宜的时机重点聚焦沟通话题，提升沟通效率。

其次，在沟通的过程中要多肯定，少批评。学会正面教育，善于捕捉学生身上的优点，提升学生的自信心。案例中这群特殊的学生本身内心比较敏感，自尊心较强。在首次定向行走课碰壁后，该教师通过恰当的言语鼓励，帮助学生重新意识到自身价值所在，有效缓解了消极情绪对学生的负面影响。

最后，沟通中更应该注重积极价值观的导向。自身的特殊性往往使该类学生存在一定心理防御，不敢走向社会，外界的不理解、不尊重、不帮助会加大他们与社会的阻隔。此时教师在沟通中应该注重积极思想的传达，引导学生用温暖的眼光看待社会，满怀感恩之心，帮助学生勇敢迈向社会，接纳世界。

小结

  央吉，从小缺少母爱，一直与爷爷奶奶相依为命、缺乏沟通的经历造成了她孤僻、焦虑的性格。老师通过及时了解她的家庭情况和兴趣爱好，并结合老师自身的经历与央吉沟通，对她采取有针对性的帮助，并通过班级活动的形式鼓励班级同学包容和接纳央吉，从而助力她打开心扉，变得乐观而开朗。明明，长期生活在不被理解的环境下，慢慢变得封闭起来。心理咨询老师通过询问式的聊天，慢慢打开了他心灵的窗口，最终让他做出了改变，学会敞开心扉，接纳世界。小哲，性格开朗，善良懂事，但因为早恋导致情绪波动，学习受到了很大影响。老师通过书信的方式跟她进行沟通，并循循善诱，最终让小哲明白青春的主旋律应该是奋斗。泽玉，从小缺少父母的关爱，导致她性格偏激，容易冲动。在一次"假缺氧"的风波后，老师既有效地维护了她的自尊心，又帮助她认识到了错误。大凡，家庭不完整与父爱的缺失导致他形成了偏激的处事性格。老师积极与之沟通并给予他足够的尊重，最终促使他与父亲敞开心扉。还有那个大男孩，因为失恋，久久不能摆脱痛苦。老师通过耐心倾听与用心沟通，帮助他打开心结，实现了自我成长。

  案例中主人公们，人生并非完美无缺，他们需要来自师长的引导和关爱。而这种关爱最直接的方式便是沟通。

  首先，老师在沟通之前要做好充分的准备工作，努力了解沟通对象的相关情况。例如通过多种渠道去了解学生，特别是要从与学生关系最为密切的亲人和伙伴入手，争取能够了解到问题的本质和根源。在了解情况的过程中，老师应当努力避免刻板印象，就像案例中的心理老师一样，即便之前明朗同学"恶名在外"，也依然公正客观地对待他。在了解情况的过程中，老师要充分考虑和尊重学生青春期特定的心理感受，在掌握具体情况之前，不要盲目地告知家长，以免激化矛盾。

其次，老师在沟通的过程中要注意方式和方法，争取起到良好的沟通效果。沟通的首要任务不是"说"，而是"听"。老师应当学会"倾听"，这是获得学生信任的第一步。如案例中老师对待央吉那般，在打开央吉的心理防线后，老师只是静静地听着央吉倾诉。在沟通的过程中，老师应活用多种沟通方式，对不同性格的学生灵活使用不同的沟通方式。例如，当案例中的老师注意到小哲状态不对，采取正常的语言沟通方式无果之后，选择了书信这种沟通方式，帮助小哲打开了心扉。在沟通过程中，沟通技巧也是十分重要的，例如鼓励、利用权威效应以及与学生平行沟通等。通过使用不同的沟通技巧，委婉地表达出自己想要表达的意思，可能会有事半功倍的效果。在沟通的过程中，老师还应当给学生留有适当的空间和距离，保持对学生的尊重。

此外，老师还应保证沟通的及时性和持续性，从而真正帮助学生解决问题。例如，案例中的特教老师在学生平白无故遭受歧视和诋毁时，立即站出来回击诋毁者，最大程度地减少了这种消极话语带给孩子们的影响；在另一个案例中，对于失恋的大男孩，老师持续地给予他安慰，面对他情绪上的反复，老师始终坚定地站在他的身边，最终帮助他走出失恋的阴影。及时性是有效沟通的前提，很多师生之间的矛盾就是因为没有及时沟通，从而加大了彼此间的心理距离，最终形成了一道无法跨越的鸿沟。而持续性是有效沟通的保证，沟通很难取得立竿见影的效果，往往需要老师倾注耐心和毅力，才能真正帮助学生实现成长。

最后，在沟通中，老师应当抓住核心问题，准确地化解学生心中的郁结。沟通的最终目的是为了达成思想的一致和感情的和谐，是带有鲜明的目标导向的，因此抓住核心问题，才能真正使沟通的效果落到实处。案例中老师在经过多方了解之后，终于了解了央吉一直不爱说话的真正原因。在经过一系列的鼓励和安慰并得到学生的信任之后，最终让央吉彻底打开了自己心灵的窗户。沟通是连接师生之间的桥梁。无论采取怎样的教育方式，沟通都是最直接也是最有效的一种方式。平等的、深入的、真诚的沟通对每一个青年学生而言，都是生命中非常重要的礼物和馈赠。

关键词

- **◆促进信息沟通：** 指发送人将促进可解释的信息传递到接受人的过程，也是促进个体间思想、情感、观念和态度的交流过程（Baker, 2009）。
- **◆移情：** 体现个体关注他人的情感倾向，常伴随着同情、关怀、怜悯等正面情绪（Batson, 1991）。
- **◆个人神话：** 在个体的自我认知中自己是独一无二、无懈可击和无所不能的（Elkind, 1967）。
- **◆沟通位差效应：** 美国加利福尼亚州立大学通过对企业内部沟通进行研究，发现只有20%~25%的来自领导层的信息能够被其下级正确理解，而能够得到下级有效反馈的信息则不超过10%。若采用平行交流的方式其效率则可以达到90%以上。
- **◆沟通恐惧：** 指个体对口头沟通、书面沟通或两种方式均具备的沟通感到异常紧张和焦虑（Schlenker & Leary, 1982; Withers & Vernon, 2006）。
- **◆积极倾听：** 聆听说话者的完整意思而不作出先入为主的判断或决策（Robbins, 2017）。

- ◆**权威效应**：美国心理学家实验发现，出于"安全心理"和"认可心理"，人们倾向于认为权威人物的思想、行为和语言具有正确性，愿意服从权威人士，并按其要求行事。
- ◆**有效沟通的障碍**：在沟通过程中，受外界干扰以及其他种种因素影响，信息经常被丢失或曲解，导致信息的传递难以发挥正常作用（周三多等，2018）。

第五章

评价反馈

学生十分在意教师对自己的评价，这种在意的程度有时甚至超出教师的想象。每个沉默内向的学生都希望自己能够获得关注，每个在努力进程中的学生都希望自己的努力被评价。若是缺少师爱，无论是学生的品德还是智慧都难以得到全面或自由地发展。在这平淡如水的日子里，教师合情合理的评价反馈是学生成长进步的回音石，老师的每一句话都可能在学生的心田留下痕迹，在不经意中滋养着学生的心灵，改变孩子的未来。

教师对学生的评价反馈应具备针对性、及时性和具体性三个特征。这些都需要教师有一双慧眼，有一颗慧心，及时发现学生身上的进步或问题，对症下药，提出适用于学生的建议和意见，并指导学生展开自我反省，帮助其找到进步的方向和方法。

从 40 分到 106 分的成功逆袭

西藏军区拉萨八一学校　张勃[1]

高一时，金勇的物理和化学基本上是满分，是那种老师一点就透或不点也透的学生，经常被老师表扬并树为标杆。金勇经常走上讲台给同学们分析题型、介绍经验。但金勇不喜欢语文、英语这些科目，他名句背不过，单词记不住，看不出诗词歌赋有任何可爱之处。作为一名理科生，他的语文成绩不过 40 分，英语成绩一般只有 20 或 30 分！

像所有的偏科生一样，金勇喜欢物理、化学，几乎把所有精力都放在了这两科，甚至不惜挤占其他学科的课堂时间。每次考试，物理和化学的单科年级第一从来不曾花落别家。但金勇的总成绩却让他有些尴尬，往往中等或中等偏下，这如何冲刺重点大学呢？每每想到这些，金勇也很痛苦。他也想全面发展，也想让语文和英语成绩像物理、化学一样优秀，但他真的不喜欢语文和英语。他总想着高考还远，也许慢慢会好些；也许大学会只看单科专业成绩……

如何让金勇摆脱现状？一直关注他的郑老师想了很多办法。在一次大考

---

[1] 张勃，男，汉族，河北师范大学文学学士，西藏军区拉萨八一学校校长、中学高级教师。

后，郑老师和金勇进行了一次谈话。

"这次考试你觉得自己最大的优势是什么？"

"应该是物理和化学吧，我能提分全靠这两科了。"

"那你平时是怎么学的呢，分享一下经验呗。"

金勇想不到语文老师居然会让他介绍学物理和化学的经验，本来他已经做好了挨骂的准备，因为他的语文成绩只有43分，作文压根儿没写——一点思路都没有怎么写呀？

郑老师的神情让金勇捉摸不定，他心里一阵嘀咕。

"每个人都有自己擅长的地方，也有自己的方法和经验。你能成为单科学霸，给大家介绍一下独门秘籍也是应该的。"

金勇喜欢"学霸"这个称呼，这也是他给自己构建的牢不可破的精神王国。在这个王国里，他就是独一无二的王。金勇在"学霸"的光环下，打开了话匣子。从知识点的归纳到题型的总结，从学科思维到具体应试，他分析得头头是道，甚至不小心把自己在语文课上做化学题的事也说漏了嘴。

"不愧是学霸的水平，金勇，你从90分到95分用了大半年的时间，你觉得自己在这两科的潜力还有多少，或者说，如果更努力的话，你还能提高多少分？"

潜力？100分满分，自己都在95分以上了，还不够努力吗？金勇有些纳闷。

"更努力，也许会有两三分的进步；不太努力，也不会低于90分，没错吧？"郑老师说。

是的，金勇没有说话，但并不否认。他心想，低于90分，这怎么可能？

"高中学习是一个全盘考虑的事情，你物理和化学的优势已经被发挥得淋漓尽致，这两科分数的上升空间已经很小了。而语文、英语都是150分，你现在却只有30或40分，加在一起有200分的进步空间，这笔账你肯定清楚。"

"选错了，将来害死你的一定是你的优势科目，因为它们让你没有选择；

选对了，挽救你的一定是你的劣势科目，因为它们给了你更大的空间。"

"鸵鸟在遇到危险时，以为把头埋进沙子就没事了，其实狮子、猎豹依然存在，反倒是快速奔跑，几乎没有谁是鸵鸟的敌手。"

金勇的内心不再平静……

"语文、英语是高考大科，无论你怎么厌恶，都得面对它。你先试着去学习，不要排斥。如果需要，我可以帮你先拟定一个初步计划，看看有没有成效。你试着去听每一节课，完成每天的作业，不要抄袭，遇到不会的来问我，但要告诉我是哪里不会。第一个阶段就这么简单，以一个月为期限。"

一个月并不算长，金勇决心试一下，即使做不到也没什么大不了。

但郑老师却不想失败，因为这次失败了，下次转变起来就更难。课堂学习还好，金勇并不是不学，关键是课下作业，金勇经常一见语文题就头昏脑涨，无从下手。"大不了不交作业，大不了再挨骂。"金勇心里这样想着，果真第二天就卡壳了。

郑老师知道现在不是责骂的时候，学生最需要的不是老师来给他讲解试题，而是陪他一起寻找坚持走下去的勇气。一连两个星期，郑老师都和金勇一起完成作业，既是监督，也是陪伴和鼓励。一个月后的考试，金勇的语文成绩超过了 60 分。虽然仍是一个低的可怜的分数，但郑老师发现，原先金勇不会去做的题，这次居然答了几句，800 字的作文差不多也写了一半。这在以前是根本无法做到的，必须给予他肯定和表扬。这是质的转变，是一种态度的体现！

第二个月，乘胜追击，两个人一起订了具体的目标——坚持学习，争取作业和测验不出现空白。完成小目标，郑老师会立即予以表扬，在表扬中不断给予他更高的要求；完不成的，也会及时予以反馈，在帮助解决问题的同时结合一定的批评。第二阶段效果也不错，期中大考能考到 72 分，金勇自己非常满意。这次大考的年级平均分是 85 分，照目前的进度，他觉得自己有希望达到平均分。

关键在于第三阶段，毕竟金勇落下的功课太多，语文学科的知识体系又烦琐，两个月去补这门课，还是紧张了些。但是，如果给他时间，给他指导，他的学习态度又有变化，对金勇这种学生来讲，还有什么难的呢？

转眼到了高三，金勇的语文成绩却一直徘徊在90分左右，再想进步很难了。郑老师虽然坚持指导，但长期以来欠下的账可不是一年半载能还清的，短期内很难再提高。老师觉得让他用理科思维来解语文试题未尝不可。在郑老师的点拨下，金勇终于发现了新大陆，原来阅读理解、语言表达、诗词鉴赏这些汉字组成的试题，真的和理化符号一样有自己的规律和组合方式。找到诀窍的金勇在高考备考期间的成绩有了明显进步。高考中语文单科他得了106分，是一个非常不错的成绩。最终金勇以高出重点线20分的成绩被一所医学院录取，圆了自己的大学梦。

从43分到106分，金勇完成了求学路上的逆袭。回顾这段历程，金勇不无感触地说："学好的是一门功课，收获的是一种感悟。很多事情不是我们做不好，而是根本就没有尝试过。不尝试，我们连失败的机会都没有，怎么可能奢望成功呢？走出自己的小天地，走出逃避，大胆尝试，我们都能实现人生的逆袭。"

案例分析及教育管理建议

案例中的主人公金勇是一名"偏科"的学生。他的物理和化学成绩始终遥遥领先，但他对成绩奇差无比的语文、英语却不屑一顾，最终造成了他的成绩困境。为了帮助金勇克服偏科的问题，郑老师动之以情，晓之以理，亲身示范，监督金勇学习。最终，功夫不负有心人，金勇的语文成绩取得了巨大飞跃，他也圆了自己的大学梦。

很多学生容易因为各种各样的因素，对所学科目产生偏见。作为老师应当敏锐把握学生的心理，针对性地提出建议并做出适时适度的评价，从而帮助学生实现全方位的发展。

首先，教师应当帮助学生克服在学习上的"习得性无助"，增强学生学习的自信心和内在动机。习得性无助是指基于经验而形成的一种预期，即个体行为最终都将导致失败的个体知觉。案例中，金勇因为一直找不到语文和英语的学习门路，导致自己对这两门学科的自信心越来越低，最终产生了习得性无助感，形成破罐破摔的心理。郑老师敏锐地察觉到了金勇的问题，决定引导他发挥固有优势，利用他对物理、化学的学习动机与兴趣来形成新的学习兴趣，并通过分享学习经验的方式培养他的信心，从而帮助他消除习得性无助带来的影响。

其次，教师应当主动挖掘学生身上的亮点，不断巩固学生的信心，对学生的表现及时给予客观及正面的评价和反馈。案例中，郑老师借由让金勇分享自己物理和化学的学习经验，帮助他加强对自己"学霸身份"的认知，从而加强他的自信心；紧接着，郑老师又将优势科目和劣势科目提升难度进行对比分析，帮助金勇认识到自己在劣势科目上的巨大潜力，从而增强其学习动机。在这个过程中，教师和金勇不断进行积极互动，通过这种互动，帮助金勇实现了自身的巨大成长。

  最后，教师应当主动陪伴学生成长，充分践行"浸润式"的教学方式。"陪伴是最好的教育"，蜕变的过程是孤独的，也伴随着阵痛。在这些关键的时间节点，老师能否陪在学生的身边，给予适时的鼓励和安慰，将成为学生取得成功的重要砝码。案例中，当金勇在学习语文的过程中遇到瓶颈时，郑老师总是能够适时地出现在他的身边，给予适度的指导和支持。通过金勇的自我攻坚和教师的循循善诱，最终他实现了成绩的巨大飞跃，顺利考上了一所理想的学校。

走出孤独,微笑前行

西藏军区拉萨八一学校　黄雁[1]

她,有着好听的名字,柳静月,如美丽的月亮,安静恬淡。

每次走进教室,我都留意到柳静月总是沉闷地坐在座位上,没有表情,眼神空洞,不言不语。她性格孤僻内向,对学习没有一丝热情,极少言语,身边也没朋友,每天就这样孤独着。然而不知何时起,这孩子的一举一动开始牵动我的心。

我特意去了解了柳静月的家庭情况。据说,她父母重男轻女的思想严重,对柳静月几乎不闻不问。她父母常年在外打工,只把弟弟带在身边,而将柳静月留在年迈的奶奶以及性格古怪孤僻的姑妈身边生活,人情的淡漠使她慢慢变得孤独自卑、沉默寡言……

有一次课间休息,我上完课没有直接回办公室,而是走到柳静月身边。看到我走了过去,她用怯生生的目光看了看我,然后眼帘低垂,没有说话。见此,我先开口了,故作轻松地说道:"静月同学,看你整天不说话,是不是有什么心事,可以告诉我吗?"她抬起头,触碰到我的目光和微笑,但又迅

1　黄雁,女,汉族,西藏民族大学文学学士,西藏军区拉萨八一学校中学高级教师。

速地将头低了下去。"那好吧，你如果想和老师说说话，欢迎你随时来找我好吗？"这一次，静月很快就抬起了头，很难得地抿了一下嘴。我看着她，对她微笑着，信任就这样开始悄悄滋生了。

在一个阳光明媚的中午，办公室的敲门声轻轻响起，是柳静月。第一次看到她步伐这么坚定地朝我走来。

开始的时候，柳静月比较紧张。在我的鼓励之下，慢慢地，她放松了，告诉了我她家里的情况。自己得不到父母的爱，而爸妈对弟弟却格外得好。说到这里，柳静月哭了……那天中午，我对她讲了很多。最后，她擦干了眼泪，说了一句："老师，谢谢您，我懂了，明白了。"说完这句话，她站了起来，眼里溢满笑意，轻松地朝教室走去。

在接下来的日子里，利用课间休息、班会课或自习课，我便不经意地走到柳静月的座位边说，"今天你听懂了吗""不会的来问老师""继续努力吧"……柳静月听到这些话后，总是对我羞涩一笑，然后再点点头。

时间过得真快，一学期在不经意间即将过去。同学们都投入到了紧张的复习当中。这个期末，柳静月也和同学们一样，积极地投入到了各科的复习之中。每次，当我从她身边经过，她都会抬头对我笑，然后又很快地低下头去背书。她那么投入专注，让我感觉她变成了全班最积极的那一个。看着如此巨大的变化，我内心感动着、高兴着，无比欣慰。

期末成绩出来了，让我惊讶的是，后10名没有了柳静月的名字，她进步了15名。我给她颁发了学习进步奖，在全班同学面前大力表扬了她，希望能激励她继续努力。当我看向柳静月时，她低下了头，害羞地避开了我的目光。

身教重于言教，看到我对柳静月学习上的鼓励和生活上的关心，全班同学也慢慢向她伸出了友谊之手。人非草木，孰能无情。慢慢地，柳静月变了，变得爱说爱笑了，与同学和老师亲近了。学习上的进步、校园生活的乐趣使柳静月变得阳光自信起来。

后来，在以"我心目中的好老师"为主题的班会课上，柳静月动情地对我说:"黄老师,是您没有抛弃我,给了我关心和鼓励,给了我爱,使我明白了许多道理。我感觉自己越来越热爱生活和学习,所以我才取得了进步……"柳静月停了下来,对我深深地鞠了一躬,说:"谢谢您,黄老师。"我被感动得热泪盈眶,同学们听了更是激动不已全班响起了热烈的掌声。

  我也暗暗松了一口气,柳静月走出了孤独,相信她今后可以微笑前行。

  在这平淡如水的日子里,作为老师,我们的每一句话都会在学生的心田留下痕迹,在不经意中滋养着学生的心灵,也许还会改变孩子的未来。教育是一个长期的过程,不必急于求成。有了滴水石穿、积沙成塔的坚定和毅力,我们的孩子才会有强大的内心,才能禁得住岁月的风吹雨打,才能适应生活的变迁。而这一切,恰是作为一名老师最大的喜悦和自豪!

案例分析及教育管理建议

　　案例中的主人公柳静月从小在重男轻女的家庭环境中成长，并且她长期与姑妈和奶奶生活在一起，得不到来自父母的关爱。父母的不重视给柳静月幼小的心灵造成了巨大伤害。而在生活中，柳静月又缺乏合适的沟通对象，内心的孤独与无助无处倾诉，慢慢形成了沉默寡言的性格，变得不愿与人交流。教师在了解柳静月的家庭情况之后，不断引导她敞开心扉，并给予她适时适度的鼓励，最终使她打开自我封闭的心灵，成为一个乐观、开朗、向上的女孩。

　　面对性格孤僻、内向的学生，教师不要急着给学生下定论，而是应该试着去了解学生，用春风般柔和的态度化解学生内心的坚冰，并不断给予学生正面的评价和及时的反馈，帮助学生打开封闭的心扉。

　　首先，教师应当有同理心。教师对于学生的评价与反馈会基于教师自身的教育理念和认知，拥有同理心的教师，更有可能做到设身处地体会并研究不同学生的行为与特性，对所有学生都待以真诚与关怀。例如案例中，对于柳静月消极的学习态度，老师没有急着给她贴上不爱学习的标签，而是主动去了解造成柳静月性格孤僻的原因。通过柳静月的行为表现，老师逐渐了解了她的人际关系、特性与心理倾向。做好万全的准备之后，教师才开始叩响学生的心门。

　　其次，教师应当给予学生适时和适度的鼓励，帮助学生恢复自信。根据社会认知理论，学生的认识和行为受到环境的影响，同时学生也会主动对环境进行加工来进一步完善认知。案例中老师的鼓励作为一个重要的环境因子，冲击了学生一直以来紧闭不开的心门，让学生感受到了爱与温暖。学生也开始主动吸取这种积极的环境信号，从而变得越发积极和向上。

再次，反馈也是一门"艺术"，需要一定的策略与技巧。教师可以根据不同学生的特点，灵活采取不同的方式进行师生互动，通过适当的方式来缩短教师与学生之间由于社会角色等外来因素造成的心理距离。教师可以采用正式交流与非正式交流相结合、直接教学行为和间接教学行为相结合的多元方法，来积极影响学生。在技巧上，为了强化反馈的效果，教师可以通过多次的、具体的反馈来替代单次的、模糊的反馈，从而激发学生的行为动机，收到更好的反馈效果。

最后，教师与学生的影响是相互的。在教师通过正确评价与反馈促进学生发展的同时，学生也可以影响教师。如案例中学生的感激之情也提高了教师的自我效能感，达成了良性互动。良好的评价和反馈，不仅有利于学生成长，也有利于教师增强工作的幸福感和效能感，更有利于构建和谐的师生关系。

亚琼的"考前综合征"

西藏军区拉萨八一学校 代伟

亚琼是一名藏族女生,学习认真,但心理压力大,总是担心自己考不好。每次考试她都特别紧张,以至于会做的题目也常常做不好。她害怕考试,几乎到了"谈考色变"的程度。这样的情况并不罕见,很多学生都有,或轻或重而已。我把这一现象称为"考前综合征"。

有一次期末考试,第一堂语文考试结束后,亚琼不见了,同学们到处寻找,最后在教学楼后面的小树林里找到了她。她正一个人在树林里哭泣,因为她觉得自己语文考试考砸了,感觉这次考试名次会下降很多。她越想越着急,心情极其低落沮丧,整个人处于崩溃的边缘,跑到小树林放声大哭。

得知亚琼的情况后,我首先对亚琼的考试感受进行了细致询问,我告诉她,根据她平时的学习状态和努力程度,如果连她都对今天的语文考试感到困难,只能说明今天的语文试卷偏难了;她都不会做的题目,其他同学估计也不会做。在一番安慰之后,亚琼的情绪慢慢稳定下来,脸上的表情也渐渐转为平静。她表示会调整好心态,继续参加下一堂考试。

后来,在对待考试的问题上,亚琼又出现过几次反复。对她的每一次反复,我都采取了有针对性的办法。我不断纠正她对于考试的错误认识、紧张感和恐惧感,帮助她树立正确的考试观,学会正确看待成绩起伏。

通过反复指导，我逐渐纠正了亚琼心理上和认识上的问题。随后的学习生活中，她以饱满的热情和信心去复习迎考，用平常心看待成绩起伏。在一次次的考试中，她不断进步，向着自己的目标冲刺。最终，她成功考上了自己理想的大学。

在对亚琼的教育转化工作中，我认真分析了导致"考前综合征"的原因：

一是来自于各方面的压力。首先是来自学校层面的压力。高中阶段的学校大多追求高升学率，这无形间给学生带来了极大的压力。有些学生基础好，尚可适应。而中等成绩的学生有很大部分进退维谷。长期的压力很容易影响他们的心理状态。其次是家庭层面的压力。有些父母过于重视子女的学习成绩，整天盯着他们读书、做作业。为了保证子女有充足的时间学习，家长还限制孩子阅读课外书，也不允许孩子参加课外活动，不给他们一点儿放松的机会。最后是学生本身的压力。像亚琼这样的学生，学习主动性高，学习能力强，有很强的自尊，会不断为自己设定更高的目标。然而，一旦预设目标没有实现，自己就无法接受现实。

二是学习竞争更加激烈。到了高中阶段，大家都在为了自己的未来而拼搏。随着一些曾经排名较后，但发展空间较大的同学一跃迈入尖子生的行列，学生间的竞争也愈演愈烈。这会给一些当下排名靠前的学生带来较大的心理压力，他们担心自己会被其他同学不断超越。诸如此类的问题让这类学生逐渐变得患得患失。

三是只重视成绩，忽视同学关系。有一些学生为了保持靠前的成绩排名，只顾学习，忽视了与班级内其他同学的沟通交流，进而使同学关系变得紧张。久而久之，这类同学会感觉自己被大家孤立，找不到可以交心的朋友，更无法融入集体。这样既不利于大家交换学习上的心得和经验；又会使自己变得性情孤僻，出现不同程度的心理问题。

案例分析及教育管理建议

案例主人公亚琼受自我调控能力不足、竞争压力大等内部与外部多方面因素的影响，面临自身情绪失调、考试状态不稳定等问题。教师在发现亚琼面临的问题后，立即对其进行了心理辅导，避免她的"考前综合症"进一步恶化。之后，亚琼的"考前综合征"时常反复，教师仍坚持耐心指导，最终帮助亚琼克服了"考前综合征"，顺利考上心仪的大学。这启示我们，随着学生学习压力不断增大，老师要多注意学生的心理健康，通过及时评价与反馈，解决学生的心理问题。

首先，教师需要提高自身识别和解读学生负性情绪的能力，在充分了解学生个体差异性的基础上，及时识别出学生"考前综合征"的表征，尽量在学生情绪失控之前做出反馈。中学阶段正值青春期，情绪敏感且容易激动，容易陷入自己给自己划定的小圈子，无法自拔。这时候，他们需要外在的力量帮助他们识别和感知情绪。"当局者迷，旁观者清"，教师有责任与义务成为学生情绪的"吹哨人"。

其次，在识别出学生的情绪波动后，教师需要及时了解情况，对症下药。案例中，在一次语文考试后，教师发现亚琼存在考前焦虑的心理问题。但老师并没有急于对亚琼进行指导和教育，而是先询问她考试时的心理状态。亚琼在诉说自己考试感受的过程中，焦虑情绪已经得到了初步的缓解；老师针对亚琼所说的问题，站在教师的角度给出了专业的分析，进一步稳定了亚琼的情绪，也帮助她能够更加客观地面对考试。此后，老师又不断对亚琼进行针对性指导，帮助亚琼树立正确的考试观，最终成功使其克服心理障碍，取得了学业上的成就。

　　再次，教师要巧用结果激励，不断增强学生的学习自我效能感。安慰和指导只能安抚学生的焦虑情绪，只有当学生建立起强大的学习自我效能感时，才能真正加强对学习和考试的掌控感。很多时候，焦虑和不自信来自于"心的不安"，因此，当学生在成绩上取得进步时，教师应当适时地提供鼓励和赞扬，帮助学生树立起自信心；当学生考试成绩不理想时，教师更要帮助他们分析具体问题，避免学生产生盲目否定自我的心理和习得性无助。

　　最后，教师可以量力改善学生所处的学习氛围等外部环境。学生的考试情绪产生于自身对环境和考试事件这一刺激源的评价，只有在评价环境有利于自身学习成长或对突发问题有应对方法时，学生才会产生真正意义上的正性考试情绪。为此，教师可以通过开展团建活动、改善学生的人际关系和强化班级凝聚力等方式来改善学习环境。教师还可以主动与学生家长沟通，一起为学生提供温暖的"避风港"，以此增强学生的正性考试情绪，提高其自我调节能力，帮助他们真正克服"考前综合征。

爱走神的女孩

西藏日喀则市拉孜高级中学　加央曲培[1]

高一下学期开学时分文理科之后，我担任了高一文科（1）班的班主任。不久，我在课堂上发现一个特别爱"走神"的女生，她时常需要老师提醒才能集中精力。

这位女生叫曲珍，家住西藏日喀则地区昂仁县卡嘎镇布玛村。她高中就读于我校，高一上学期成绩中等。我开始注意曲珍，发现这女生平日里不太喜欢与别的学生交往，但她非常遵守学校的规章制度。每当我到宿舍或教室检查的时候，总看到她手中拿着书。我常想，这么勤奋的学生怎么在课堂上总是走神呢？

我找曲珍谈话。她说自己很努力地学习，课也认真在听，但学习成绩一般，可能是自己比别的同学笨。除此之外她什么话都不说。但是，多年从事班主任工作的我感觉到可能有其他原因。

我找同学们了解情况。大部分同学都说曲珍平时不爱说话，但心地善良、遵守纪律。我还给她的妈妈打了电话，了解到她家中有爷爷、奶奶、

---

[1] 加央曲培，男，藏族，西藏大学数学学士，西藏日喀则市拉孜高级中学一级教师。

妈妈、叔叔和弟弟。当我问起她的爸爸时，电话里的声音突然变得深沉起来——原来，曲珍的爸爸在她读初二时出车祸去世了。我还得知曲珍上小学和初一时，学习成绩在班里名列前茅。但初二那年父亲的去世，给这个孩子造成了很大打击。从那时起，她的学习成绩不再出众，本就不太爱说话的她变得越来越孤僻。

我找到了曲珍上课爱"走神"的原因：家庭的不幸和父亲的离去给年幼的曲珍带来了沉重打击，影响了孩子的性格和心理。

如何让她从这个阴影中走出来呢？

我想我需要先得到这个孩子的信任。刚开始的时候，她对我这个新来的班主任不是很信任。每次和她谈话，深入的内容很少，当然，课堂上也没有什么大的变化。但我没有放弃，通过多次与她交谈，多次与她一起吃饭，她开始对我有了信任。

有了信任，我更希望培养她的自信心和对我的亲近感。我告诉她："虽然你没有了爸爸，但你有一个很疼爱你的妈妈，还有像爸爸一样疼爱你的叔叔。还有包括我在内的好多老师都会帮你、爱你。我知道你是一个遵守纪律、富有爱心的好学生，试着把过去的不幸放下，重新振作起来，我相信勤奋好学的你将来考上好的大学是没有问题的。这是辛苦供你读书的妈妈的希望，也是已故爸爸的期望。"

相处的过程中，曲珍对学习和与人交往的态度开始有了改变。同学们也都说，她最近学习很勤奋，在宿舍里说话的次数也比平时多了。我在课堂中也发现她听课认真了。每次看到她专注的眼神，我都非常开心。因为我知道，她开始放下过去，正全身心投入当下的学习和生活。

后来，曲珍担任了班里的学习委员，性格开朗多了，笑容也多了起来。学习依然勤奋认真，学习成绩的进步幅度很大，到高三时成绩排名班级前三。她经过努力，最终考取了西藏职业技术学校。

案例分析及教育管理建议

案例中的主人公曲珍初二时，父亲因车祸去世。这给曲珍年幼的心灵带来了沉重打击，导致曲珍无法将注意力集中在学业上，学习成绩也因此受到影响。与此同时，曲珍的性格也发生了很大变化：原本就不爱说话的她，性格变得更加孤僻。面对老师的询问，她选择用否定自己的方式来逃避现实，逃避内心深处的情感伤痛。案例中的老师通过观察和了解，找到了曲珍爱"出神"的根本原因。经过老师的耐心指导，曲珍最终走出了心里的阴影，以优异的成绩考上了理想的大学。这启示我们，面对孤僻内向的学生，教师要善于寻找有针对性的切入点，发现问题背后真正的原因，帮助他们走出不幸的过去，重拾学习动力。

首先，在评价过程中，教师要多方面收集信息，避免由于错误的主观臆断造成认知偏差。教师可以结合自身对学生的观察结果与学生同学、亲友等的评价，实现多评价者评估，获得更为客观的评价反馈。例如案例中，在与曲珍交谈未果的情况下，教师又与曲珍的同学和妈妈进行沟通，多方位了解曲珍上课走神的原因。

其次，信任是活化师生关系的良剂。在进行评估之后，教师可以选择适当的时机介入，帮助学生解决问题。这个过程需要遵循形成信任的机制与过程，即服从—认同—内化，从而与学生建立起信任关系。这要求教师应针对学生的特点，灵活采取不同的信任形成方式。如案例中教师采取了认同与内化模式的信任形成方式，通过长期、多次的语言沟通和非正式沟通逐渐拉近了与学生的心理距离,让学生感受到教师作为信息源是可靠的、可信的,最终与学生建立信任关系。

  最后,在信任的基础上,教师需要采取适当的激励手段。教师可以通过共情的方式,站在学生的角度设身处地为学生着想,根据学生的具体情况进行差异化的激励。案例中教师考虑到曲珍的家庭状况,将自己对她的关心与家人对她的期望融入在激励之中。这样的举措充分满足了曲珍对爱的需要,也促使其认识到自己目前的使命,从而逐渐走出心理阴影,专注于当下的学习。在完成反馈并初步解决问题后,教师还需要与学生保持沟通和联系,并逐渐培养学生自主解决心理问题的能力与信心,实现重要的"育人"目标。

耐心守候,静待花开

西藏拉萨市特殊教育学校　张盼盼[1]

我是特殊教育培智班的语文老师。在校园里,培智班的孩子看到我,会扑到我怀里,大声地喊盼盼老师。那一刻,我感觉自己是幸福的。

培智学生的智力和身心方面都存在缺陷,导致其生存能力有限。他们时常被人忽视和遗忘,无论是在社会上,还是在学校和家庭中都处于弱势地位。可是,这些培智学生也同样渴望得到关注和重视,同样有实现自身发展的需求。

做特殊教育难,做培智教育更难,这需要老师付出更多。

由于智力水平有限,培智学生认知能力不足,轻度智力落后,最终能认识的汉字只有500个左右。他们在课堂上学习的知识没有普通学生多,有的孩子根本就学不了文化知识。对于他们,教师需要有"特教六心",认识他们、走近他们、教育他们。教师要允许他们的"慢"——学习速度慢、记忆速度慢、掌握技能速度慢。他们犹如一颗颗努力发芽的种子,一点一点积蓄力量,慢慢突破坚硬的外壳,实现自我的成长。

---

[1] 张盼盼,女,汉族,西藏民族大学教育学专业本科学历,拉萨市特殊教育学校中级职称。

培智（1）班有一个叫拉巴才旺的学生，他肢体残疾，并有轻微智力障碍。拉巴才旺性格有些孤僻，不主动和同学交流，平时给他布置的作业不能按时完成，上课经常迟到。课上，对于老师提出的问题，他从来都不主动举手回答，而且上课特别喜欢吃东西。

通过向班主任进行询问，我了解到他家位于那曲，因为家离学校太远，所以周末和放假的时候，他都在学校里，也没有家里人来看他。每当周末培智班的孩子都被父母接回家时，只有他羡慕地看着身边的同学被接走。从他的眼神里，我看到了对亲情的渴望。我想，若是我能给予他亲人一般的温暖，他会不会就按时完成作业呢？能不能运用正强化的训练方式让他获得该有的进步呢？

于是，我告诉他："如果你这周上课能完成老师布置的作业，积极回答问题，老师周末的时候就带你去买好吃的。"他开心地点点头。那天开始，拉巴才旺上课像换了一个人一样，不仅上课积极回答老师的问题，按时完成老师布置的作业，还把作业主动拿来让我批改。到了周末，我带着才旺去超市买了他喜欢吃的饼干、薯片、威化饼等零食，他开心得一直笑。

我又接着说："如果你下周表现得比上周还好的话，老师就带你去公园玩。"他开心得使劲点了点头。结果他的表现比上周好很多，我也兑现了当初给他的承诺。周末，我先带他去公园里玩了半天，又带他去吃了他爱吃的汉堡，他非常开心。

慢慢地，拉巴才旺变得爱回答问题了，不再那么害羞了。当他得到老师和同学们的表扬之后，变得自信和开朗了许多。和我的距离越来越近，越来越亲。

新学期开学，拉巴才旺像换了一个人一样，作业能很快地完成，还能在上课之前提前预习好要学习的课文。课上，也看不到他吃东西了，而且每次举手回答问题都特别积极。在我的课上，只要发现他的优点，我都很大声地表扬他，他也会不好意思地冲我害羞地笑一下。那一刻，我感觉所有的付出都是值得的。

对于培智学生的培养，需要老师更有爱心地走近他们，更加细心地认识他们，更多耐心地倾听他们，更多恒心地理解他们，多关注、多鼓励、多肯定，他们感受得到。

每个孩子都是一朵盛开在祖国花园中美丽的鲜花，虽然花开前需要浇灌的时间有长有短，但只要我们耐心守候，终能嗅到花开的芳香！

案例分析及教育管理建议

案例主人公拉巴才旺是一名培智学生，他肢体残疾，并有轻微的智力障碍。由于拉巴才旺的家位置偏僻，周末和节假日他都待在学校，平时也无人来校探望。这导致他长时间得不到家庭关爱，性格逐渐变得孤僻，不喜欢和老师同学交流，作业也不能按时完成。案例中的教师了解拉巴才旺的情况之后，主动接近他，并给予其充分的关爱和鼓励，最终帮助他打开了心扉。比起普通学生，培智学生更加需要他人的关爱与引导。因此，参与培智教育的教师，不仅需要具备对培智学生的同理心、责任感与耐心，还需要明确教师的角色，提高自我的角色知觉。

首先，教师应加深自己对教师工作的认知，积极充当"家长代理人"。处于青少年时期的学生，十分需要来自家庭的关爱。可现如今，由于各种各样的原因，有相当多的青少年长期与父母分居两地，无法得到父母的关心和陪伴。对于培智学生来说，家庭的缺失使他本就残缺的身心，又蒙上了一层厚厚的阴影。案例中的老师主动担当"家长代理人"的角色，陪伴拉巴成长，并且顺利借助这一形象实现了对拉巴的正向激励。

其次，教师在教学工作中应正确行使教师这一角色的功能，对学生的行为进行针对性的反馈和激励。根据普雷马克原理，教师可以选择对学生最有效的强化物来实现激励效果。案例中，对拉巴才旺而言，最渴望的便是来自亲人的陪伴与温暖。于是，老师抓住拉巴才旺的这一需求，向他提出要求，成功激发了他的学习积极性。除此之外，教师可以采用其他技巧来强化激励的效果，如渐进提高对学生的评价标准、适时给予其反馈奖励、及时强化其正确行为，从而增强他们的学习动力。

最后，教师应当放慢速度，陪伴学生成长。培智学生的接受能力和学习速度相对较慢。对一名从事特殊教育的老师而言，方法和能力不是最重要的，重要的是要有"陪跑"的勇气和牺牲的魄力。培智学生需要教师更多的心血来浇筑、辅导他们健康成长。只要教师态度端正、教法得当，和学生一起步履不停，终能迎来成功的喜悦。

拥抱成长，牵手前行

西藏拉萨市特殊教育学校　林利华[1]

我身边有一群特殊的孩子。由于我工作的学校是属于隔离式的特殊教育环境，学生们从一年级开始到九年级甚至职业中专毕业，都寄宿在学校里面，因此我们的师生关系可谓是"亦师亦友""亦父（母）亦子（女）"。

数学课上，有这样一名女生引起了我的注意。她叫格桑，在双语班（聋班）。上课时，格桑认真听讲（用手语讲课），却从不敢和老师对视；偶尔老师的目光扫过，她却表情木讷；每当老师提问时，格桑同学就悄悄垂下头。如果被叫起来回答问题，她就总是一副怯生生的样子，一言不发。

作为数学老师，我仿佛感觉到了这位同学内心的封闭和压抑。课后，我向每次接送她来学校的驻村干部了解情况，我想知道是什么样的环境让孩子的世界如此灰暗。

通过交流，我知道格桑家住西藏那曲双湖特区，那里人迹罕至，多为干旱和半荒漠的草场，又称双湖无人区，是非常不适宜居住的地区。格桑家里还有父亲、母亲和哥哥，父母皆为轻度智障人士，哥哥患有精神分裂症。格

---

[1] 林利华，女，汉族，江苏省南京晓庄学院教育学士，北京师范大学访问学者，西藏自治区拉萨市特殊教育学校高级教师。

桑出生于2001年，月份不详，属于听力障碍一级（双耳全聋，听力残伤值大于90dB）。由于听觉系统重度损伤，她无法依靠听觉进行言语交流，在参与社会生活方面存在极严重的障碍。

了解了孩子的家庭环境，我的心久久不能平静。这孩子是怎样成长到现在的呢？我又该如何打开她的心扉，让她的脸上绽放出笑容呢？

为了让这个孩子融入集体，热爱生活，首先，我想试着走近她，让她对我敞开心扉。通过一周的观察，我知道格桑同学喜欢吃土豆。于是，在某个星期天的晚自习，我买了土豆煮熟带到班里，分给所有同学吃，并说，这是对上个星期表现好的奖励，要求大家继续好好表现，对操行分数高的同学，我会单独带出去吃饭。说完，我看到了格桑眼中的渴望与高兴。

第二个周末，我兑现承诺，带了格桑和班里另外一个女生出去吃饭。

后来，在工作中我常常请她帮我拿一下作业本，拿一下数学教具，让她有机会和我接触，并且面对她每一次的帮助我都会真诚地用手语说一声"谢谢"。我还隔三岔五地给她带点水果和小零食，并鼓励她分给班级其他同学一起吃。

在生活中，我慢慢靠近她，也让她慢慢走近我。课堂上，我尽量使用启发式的问题，一步一步引导她答出正确答案。只要她答对了，我就给她一个拥抱，没有答对的，可以请同学帮助回答，然后向她俩或是她们小组竖大拇指（正强化），全班同学都更积极地回答问题。或许从小离家求学的孩子能从拥抱中感受到妈妈一样的温暖吧，孩子们的热情超出了我的想象。格桑同学也慢慢不再怯懦，在一次又一次的大拇指表扬下，她得到的拥抱次数也越来越多。整个班级的学习积极性都得到了提高。学生们喜欢上数学课，尽管他们的成绩并没有多大的实质性的提升，但是我们的课堂氛围提升了许多，同时增加的，还有从我心底溢出的幸福感。

久而久之，在课堂和生活上，她似乎慢慢愿意主动和我亲近，愿意主动回答问题。这个时候我找了班级中其他两个女孩子，让她们做朋友，一起吃饭，一起学习，一起负责班级的卫生管理。开始时孩子们不愿意跟格桑玩，总是嫌弃她衣服脏。于是我在班级里召开讲卫生的主题班会，并认真关注格桑的需要，给她买了衣服、裤子、鞋子，教会她每晚睡觉前洗脸、洗脚，将袜子洗好晾在宿舍外面的防护栏上，风大的拉萨一个晚上就把袜子吹得干干的，再也不会有臭脚的出现。从此，一个干净整洁的格桑出现在大家的面前。

与此同时，我告诉学生们，我们是"双语班"，大家都是这个集体的一分子，要相互帮助、团结友爱、共同进步。每天早餐打扫卫生，我也一起动手。学生个子小，我就负责擦窗户和黑板，和大家一起劳动。运动会上借助接力赛、拔河等集体活动告诉大家团队合作的重要性。经过一段时间，大家渐渐树立了班集体的观念，有了集体荣誉感，格桑同学也渐渐融入班集体中。

正如格桑同学一样，每一个残疾孩子的背后差不多都会有一个不太圆满的家庭。特别是听力障碍的孩子，父母根本就不知道如何与他们交流与沟通，所以孩子的童年生活几乎是"孤独"的，长大后，能考上大学的概率是极低的。我们最大的希望是让这些孩子能快乐地生活，在参加完学校的基础课程外，尽量按照他们的特长与喜好，选择一些第二课程。经过观察，我发现格桑同学对舞蹈没有天分，体育也是马马虎虎，就推荐她去了钻石贴画班。没想到这孩子在第二课程上找到了极大的乐趣，还和几个同学一起制作了一幅精美的"布达拉宫"的钻石贴画图。

两年后的格桑完全融入了学校生活，脸上的笑容越来越多。五年级寒假结束的时候，驻村干部送格桑回学校的时候说，假期里她在家里几乎成为"顶梁柱"，买卖东西都是格桑自己算账和独立完成，我想，教育的成就大概就是如此吧！

案例分析及教育管理建议

　　案例主人公格桑，一方面存在听力障碍难以与人进行沟通；另一方面，格桑居住在人迹罕至的地区，且父母、哥哥均有一定的心智问题，进一步加大了格桑与人交流的难度。沟通的缺乏导致格桑不善与人交流，内心的无助与压抑无法倾诉，渐渐变得内向孤僻。教师在察觉到这种情况后，及时与格桑沟通并不断采取正强化的方式激励她，慢慢走进其内心，帮助她变得乐观开朗起来。面对这样的特殊学生，教师面临着更加严峻的挑战。教师不仅需要与学生进行更多的沟通，疏导特教学校学生的心理压力，还需要采取不同于普通教育的教学和评价方法，以达到"量体裁衣"的教育效果。

　　首先，教师应该活用激励方法，激活特殊教育学生的渴望。特殊教育学生的内心往往由于缺少爱的滋养而十分封闭，特别需要外界的刺激来激活他们生命中的渴望。案例中的教师先后三次用不同的方式对格桑进行激励，综合运用物质激励、精神激励和承诺激励三种方式，最终帮助她重新感受到爱的温暖，也让她找回生活的信心和勇气。

　　其次，教师可以开展更多类型的班级活动，打造互动性较强的仪式。根据互动仪式链理论，教师可以通过打造师生之间以及学生之间的互动仪式，来激发学生的集体感和归属感。当这些学生在心理上存在共同关注点时，就会产生情感冲动以表达自己的关注点与情绪，最后使整个班级集体产生道德责任感。在仪式与情感结合和人际互动的过程中，班内学生整体的积极情感能量得以累积，同时，这些积极情感还会在学生之间传播，从而有利于学生自身的身心发展。

  最后，教师可以抓住学生的特长，让爱好成为他们"心中的光"。特教学生因为自身缺陷容易感到自卑，有一个爱好有利于他们培养积极情绪和建立自信心。值得注意的是，爱好的选取应当"因材施教"。教师要充当学生的慧眼，帮助他们寻找爱好，并给予他们适当的鼓励。毕竟，对特殊教育学生而言，一个愿意让他们投入精力与时间的爱好可能会伴其终生，成为其积极力量的持续来源。

小结

　　金勇，由于长期偏科，导致他的语文和英语成绩长期徘徊不前。老师通过给金勇提供自我表现的机会并给予其积极评价，巩固了他的学习动机。柳静月，受家庭重男轻女思想的影响，形成了孤僻内向的性格。老师通过及时有效的沟通和反馈，最终帮助她重拾自信。亚琼，由于自我调控能力不足，竞争压力大，导致她的考试状态不稳定。通过针对性的指导，老师帮助她树立了正确的考试观，并最终取得学业上的成就。曲珍父亲因车祸去世，给她的心灵带来了沉重打击，导致她难以集中学习上的注意力。老师通过与她本人和亲友的多次沟通及反馈，最终赢得了曲珍的信任，帮助她打开了心扉。拉巴才旺，肢体残疾，并有智力障碍，导致他性格孤僻。老师通过日常的陪伴，让他体会到了家人的温暖，也让他变得越来越开朗。还有格桑，从小患有听力障碍，加之所处地区人迹罕至，父母存在智力障碍，导致她内心无助，变得孤僻内向。老师通过细心观察和积极互动，帮助格桑获得了同学们的认可，走出了孤独。

　　每一个学生都十分在意老师的评价和反馈。良好的评价和反馈可以起到事半功倍的效果。老师应该具备发现问题的慧眼，解决问题的慧心，有针对性地对学生进行评价和反馈，帮助学生成长。

　　首先，老师应当具备同理心，只有设身处地站在学生的角度思考问题才能真正体会学生的心情，才能使评价更加具体和准确。如案例中的柳静月长期处在父母重男轻女思想的影响之下，老师通过换位思考感受到了她的迷茫与无助。除此之外，老师要在评价前多方收集信息，如案例中曲珍的老师一样。老师通过多方渠道对曲珍的情况进行了解，直到全面、客观和准确地了解曲珍的现状之后，才找曲珍谈话。正是先前信息的积累，老师才能准确把握曲珍的心理症结，最终帮助她走出阴霾。当然，发现问题的"火眼金睛"不是一朝一夕就能练就的，要通过长久地积累和不断地总结。老师只有对每一次情况都认真分析，才能让下一次评价更加具体和有效。

其次，老师应当对学生进行及时的安慰、肯定和鼓励，帮助学生建立强大的自我效能感。如案例中，当亚琼面临巨大的"考前焦虑"时，老师通过客观的分析和温和的语调耐心地对亚琼进行安慰，帮助亚琼缓和了焦虑的情绪。当然，只有安慰是不够的，几乎所有学生都十分在意老师的认可，哪怕只是一次不经意的点头，都能在学生心中激起巨大的波澜。正是案例中老师对金勇学霸身份的肯定，才帮助金勇打开心结，培养起他对语文和英语的信心。学生还需要老师及时和持续的鼓励。根据强化原理，评价和反馈只有及时并反复地施加给学生，才能持续性地强化他们的行为和动机。成长从来不是一蹴而就的，相比于老师的一次评价，长久的、细微的、持续的反馈对于学生的成长而言可能更为重要。

最后，老师还应当注意评价、反馈的方式和方法，巧妙地化解学生的问题。首先，评价应当对症下药，只有找准"病灶"，才能"药到病除"，案例中金勇在陷入英语和语文的"习得性无助"之后，老师并没有对其进行指责，而是跟他一起分析，帮助他利用理科思维来学习英语和语文，使得他的成绩取得了巨大进步；其次，在评价之前，老师应帮助学生建立起学生对老师的信任。在学习生活中，许多老师对学生非常负责，但万般无奈下，老师也可能会采取一些极端的措施，而这往往会伤害学生的尊严，导致信任的破裂。信任是评价能够起积极作用的前提。评价是一门学问，反馈更是一门艺术。教师可以通过正式沟通与非正式沟通相结合、直接教学和间接教学相结合的形式，帮助学生实现真正的成长。

评价和反馈是教育管理之中形成"闭环"的重要步骤。没有评价，教育就不能落到实处，不能真正发挥它的作用；没有反馈，就不能让学生感受到行为的结果，也不能对下一次行为形成激励。因此，具体、及时且准确的评价反馈是教育管理的重中之重。

关键词

- **目标设置理论：** 由美国著名管理心理学家 Locke 于 20 世纪 60 年代提出，目标设置理论指出，目标本身具有一定的激励作用，它可以促使个体将需求转化为动机，并朝着特定的方向努力。同时，它可以将行为结果与设置的目标进行比较，以便实施者依据比较结果及时修正和调整行动并最终实现目标（Locke & Latham, 2002）。
- **心理弹性：** 是指个体做出改变来适应周边情境的行为倾向和从压力环境中恢复过来的能力（Block & Kremen, 1996; Lazarus, 1993）。
- **强化原理：** 斯金纳将强化分为正强化和负强化。正强化是指一件刺激物对个体做出某种反应后而强化个体行为的现象；负强化指一件刺激物对个体做出某种反应后而弱化个体行为的现象。（Ferster & Skinner，1957）
- **反馈：** 有关个体付出努力的结果的信息。本书中既指学生接受的有关自己各种表现的信息，又指教师获得的有关自己教学效果的信息（Slavin, 2016）。
- **相倚性表扬：** 针对定义明确的行为，视学生表现而给出的表扬。表扬之所以有效，是因为它直接指向了具体的任务表现（Slavin, 2016）。
- **自我调节：** 社会学习理论中的重要概念之一，班杜拉认为，人们观察自身的行为，判断是否达到了自定的标准，由此决定对自己的赏罚（Bandura, 1977）。

- ◆**普雷马克原理**：可以通过允许在完成不愉快的活动之后从事愉快的活动来促成行为（Premack, 1965）。
- ◆**互动仪式链理论**：由美国社会学家柯林斯提出的用于架通宏观和微观的概念。它指在不断的接触过程中，不同的互动仪式会得到相应的发展，并以复杂形式结合起来。此外，互动仪式链的延续依赖于彼此之间情感能量和报酬的加强（Collins, 2011）。
- ◆**角色知觉**：个体对于自己在特定情境中应该如何表现的认识和了解（Kobbins, 2016）。
- ◆**评价**：对学生在学业方面有时也包括其他方面的表现的测量，用来确定合适的教学策略（Slavin, 2016）。具体地，对学生进行评价主要包括激励学生持续努力、为学生提供反馈、为教师提供反馈、为家长提供信息、为选拔和认证提供信息以及为问责提供信息这六个目的（Gronlund & Waugh, 2009）。
- ◆**期望效应**：又被称作罗森塔尔效应或皮格马利翁效应，是指教师对学生的殷切希望能收到预期效果的现象（Rosenthal & Jacobson, 1968）。
- ◆**社会认知理论**：该理论的基本观点认为，人类活动会受到个体行为和认知、其他个体特征及个体所处的外部环境这三种因素影响（Miles, 2017）。

第六章

环境影响

教育是教师用灵魂影响学生灵魂的过程，而这个影响过程必须要有它的"土壤"。学校环境是学生成长的"土壤"，每个学生都会从中吸取养分。教师要关心每一位学生，把爱化作肥料撒向每一个角落，帮助学生茁壮成长。

在实际的教育工作中，经常出现某一个班级或者某一个寝室集体优秀的现象，这就是环境影响的重要作用，这也是不断倡导校风营造、学风建设、集体文化、班级氛围建设的主要原因。教师既是学生学习环境的营造者，也是主要维护者。在良好教育环境的可持续建设中，教师是最主要的力量。同时，教师和家长还应当通力合作，为了给学生营造良好的学习和生活环境而共同付出努力！

离藏前的"不速之客"

河北省辛集市清河湾学校援藏教师　张梦伟[1]

2020年7月20日,一个让我铭记终生的日子。这一天,西藏中考结束;这一天,3年的援藏生活将画上一个圆满的句号;这一天,我内心五味杂陈,收拾行装,准备离藏。突然间,一阵急促的敲门声传来。我开门一看,几个男同学手捧哈达站在那里,脸上挂着纯真的笑容。这一刻,我彻底"缴械投降"了,所有复杂的情感化成泪水,奔涌而出。

次旦(化名)双手高捧哈达挤到我的面前,说:"谢谢您,老师!您就是我的再生父母,没有您拉我一把,就没有我的今天。我肯定能考上高中,到了高中,我一定好好学,不辜负您对我的期望。"听完次旦的话,泪水早已模糊了我的双眼,模糊了我眼中洁白的哈达,也模糊了他的轮廓。我把他揽在怀里,哽咽着说道:"老师相信你,一定能考上理想的高中,等你的好消息。"

我遇到这个叫次旦的学生时,他正上初一。那个时候的他,手脸黝黑,头发蓬乱如"鸟巢",不认真听讲,也不回答问题。其实他脑瓜非常聪明,

---

[1] 张梦伟,女,河北师范大学教育学学士,河北省辛集市清河湾学校中学高级教师,援藏教师。

但心思全然不在学习上,所以成绩很差。通过向班主任和同学了解,我发现他不大合群,违反日常行为规范是"家常便饭"。面对老师的教育,他更是头一歪、眼一横,不理不睬,一副不屑一顾的样子。他甚至还顶撞老师,时不时与老师发生冲突。

我们之间就曾经有过"短兵相接"。

某天上午最后一节课,我讲解完试卷,离下课还有10分钟,我让同学们整理一下试卷最后一个题目的思路。任务布置完的一瞬间,次旦"嗖"的一下蹿到了教室门口,准备破门而出。我大喝一声"回来"。此时,他不但不胆怯,反而气势汹汹,攥着拳头,瞪着眼睛看着我。后来,他极不情愿地回到座位,可就是不坐下,估计是在跟我"冷战"。我努力平复了自己的情绪,走到他身边轻声地问:"怎么回事?"

"我是打饭值日生,可以提前10分钟去食堂打饭!"他自以为有理,提高了声调。

"别的打饭同学这不是在做整理吗,一会儿再去不行吗?"我又一次失控,说话的声音估计不小。

"不行!"

"你这样就不好了!"

"怎么不好?"

说完,他又往外冲。我一把把他拉回来。他瞪我的眼睛更大了,拳头也握得更紧了。

"老师,您别理他,他就是这个脾气,您别生气了。"

"在高海拔地区不能激动,更不能生气,严重高反不舒服。"

同学们七嘴八舌地说着。而此时此刻,我已经心跳加速,全身颤抖了。几个同学把我搀回宿舍,我饭也没吃,虽然吸上了氧气,但头痛恶心,呼吸憋闷,心情差到了极点。

这次对话让我火冒三丈。但作为援藏教师,我觉得不能放弃任何一个孩子。更何况从听课情况来看,次旦的数学思维细胞还是比较不错的。于是,我放下老师的架子，主动去了解了他的家庭环境。作为农牧民子女，他的家长文化水平不高，意识不到学习知识的重要性，对孩子疏于管理，听之任之。他的家长只是让他来学校认识几个字，毕业后好回家干活，放牛放羊，娶妻生子。除此之外，还有一个不容忽视的问题，家长随时改变地点进行放牧，顾不上管理孩子。他的周围也都是农牧民子女，家长的思想和管理方式都相差不多。时间久了，就成了现在这种状况。

我无力改变藏族农牧民家庭的教育现状，但我可以耐心细致地做好学生的转化工作。于是，我尝试着在心里放大他的优点，淡化他的缺点，从改变自己的心态开始。在数学课上，我会经常让他回答问题，并注意观察他的回答情况。当听到他完美的答案时，我就喊他与别的同学一起到黑板上板演。当看到黑板上的正确答案后，我就极力表扬他，并让同学们给他掌声。听到掌声后，他的脸上也有了笑容。此时，掌声落幕，我话锋一转："次旦同学，如果你的字迹再工整一些，就更完美了。"他用力点了点头。

没有爱，就没有教育。拉萨阿里河北完全中学是一所全寄宿制的异地办学学校。孩子们从初一起，就远离父母，从千里之外的阿里地区来到拉萨求学。一些如衣服开线、感冒头疼、高海拔到低海拔带来的身体不适、想家等日常琐事，对他们来说都是挑战，也会影响孩子们的心情。面对这些挑战，我都尽己所能地给予他们照顾。

男孩子天性爱动。有一次上课，我发现次旦上衣的肩膀处开线了。于是，课后我轻轻走到他身边，说道："放学后，到我宿舍，我给你把衣服补补。"知道他要过来，我专门给他做了肉丝炸酱面。刚开始他很拘束，我就和他闲聊，问一些生活琐事，慢慢地他也就放松了下来。临走时，他高兴地跟我说："老师做的饭真好吃。"

还有一次，上课前，我发现次旦同学不在。有个同学告诉我，他胃不舒服，一天没好好吃饭，班主任带他去医院看病了。得知这个情况，等班主任把他带回来时，我对他说："这几天你跟我吃饭，我给你熬小米粥喝，养胃。"

他和班主任都连连摆手说:"老师不行,你们来高原还不太适应做饭呢,不能给您添麻烦。"

"见外了不是,孩子们来几千里外求学,远离父母,不容易啊。这是我应该做的,放心吧。"

于是,我便早晚给这个孩子熬小米粥,中午给他做软软的细面条和鸡蛋。这样持续了一周时间,他的身体慢慢地调理过来了。在这个过程中,每次做饭,他都会给我说好几遍谢谢。最后一天,他对我说:"您就像妈妈一样对待我,我以后可以叫您张妈妈吗?"我一口应下了,并补充道:"课上可不能叫啊!"

第一次,我见他笑得那么开心。

亲其师,信其道。把孩子们当成自己的孩子,从小事做起,孩子们才能主动接近你,说出他们心里的所思所想。经过这几次接触,我已经看不到次旦眼里的敌意了,取而代之的是专注的思考的眼神。果不其然,次旦开始在晚自习上学习数学,经常提出自己不懂的问题,我在心里暗自为他叫好,对他提出的问题也一一耐心解答。功夫不负苦心人,次旦的成绩开始不断上升。

8月7号凌晨1点钟,我睡得正香,一阵手机铃声响起。拿起手机后,我看了一眼消息,看到是次旦发来的,我便认真读了起来。"老师,我肯定能上高中了,数学就考了65分,我们全家谢谢您,扎西德勒。"这条消息让我瞬间清醒。要知道,次旦初一时,数学只能考十几分。现在,中考能考65分,真是太棒了!

捷报频传,就在8月9号,次旦又给我打来电话,说:"老师,您知道我们这一届的成绩吗,初一入学时最低分141.3分,毕业时244分;初一入学时平均分186.4分,毕业时平均分414.97分。500分以上的就有51人,400分以上的有164人呢,太感谢您了!"

我回答道:"太好了,高中继续加油啊!"

"一定会的,老师!放心吧,同学们都很想您!"

"我也很想你们,等录取学校有信了,记得告诉我。"

"必须的,老师!"

"我不仅要等你们高中入学的学校,还要等你们的高考成绩,加油!"

"放心吧,张妈妈!"

交谈中,我无数次擦拭着泪水。

援藏一次,终生无悔。

案例分析及教育管理建议

　　案例中的主人公次旦从小生活在一个传统的农牧民家庭，家长文化水平不高，且对他疏于管理。主人公从小就少言寡语、自卑，也不重视学习，时常因违反课堂纪律与老师发生冲突。老师在深入了解之后，明白了家庭环境是导致他性格冲动孤僻的主要原因。于是，老师从生活上的细致关心、学习上的鼓励鞭策和价值观上的锤炼锻造入手，帮助次旦端正了学习态度，改变了其原有的不良习惯。最终，次旦以优异的成绩考上了高中。通过案例不难发现环境对于个体发展的重要性。封闭的家庭环境和开放的学校环境对次旦造成了全然不同的影响。作为一名老师，应当主动为学生创造有利的成长环境。

　　首先，作为老师，应更多地鼓励和关怀需要关心的学生。在美国，某研究机构曾经做过一项跟踪调查。他们选取了在学校成绩和行为习惯较差的一群学生，并对他们说："你们身上有别人不曾发现的独特天赋。"此外，研究者要求他们身边的人不断给予其同样的暗示。多年以后，研究人员发现在这群学生中有相当比例的人成为了各个行业的翘楚。这个事例证明，鼓励和认可对于一个孩子十分重要。作为老师，要对学生一视同仁，不能够区别对待，对暂时落后的学生也应该耐心引导，帮助他不断进步。

　　其次，作为老师，要以爱心和关怀作为面对学生的落脚点。像次旦这样的学生给老师带来了很多麻烦，想用爱呵护他们成长并不容易。但没有爱，就没有能够走进学生内心的教育。老师要改变这些学生，必须先转变自己的教育观念，把关爱每一位学生放在第一位。案例中的老师给衣服开线的学生缝衣服，给生病了的学生做"病号饭"，这些点点滴滴的细节让学生感受到了母爱般的关怀，潜移默化中改变着他们的言行举止，最终帮助他们形成良好的行为习惯和正确的价值观。

最后，作为老师，建立起良好的师生关系，是教育取得成功的关键因素。古人云："亲其师，信其道。"在日常的教学过程中，老师经常抱怨部分学生不认真听课，扰乱课堂纪律。此时，言语上的教导往往收效甚微。这很大程度上是因为老师还没有走进学生的内心，获得他们的信任，因而所教授的道理难以被学生接受。"行胜于言"，老师可以从小事做起，用自己的行为去感化学生，让学生先"亲吾师"，而后"信师道"。案例中的老师通过给次旦做肉丝炸酱面，为肠胃不适的次旦调养身体等"小事"，一步一步瓦解了他的心防，建立起师生间的信任关系。这份信任也是最终帮助次旦实现蜕变的关键要素。

通过文章中主人公的前后变化，我们不难发现成长环境对孩子的重要作用。作为教师，我们或许无法改变学生的原生环境，但在我们可以努力成为学生成长过程中的一束光，用我们的光和热去温暖他们，给他们心底的种子以奋力向上的力量，终有一天会迎来馥郁芬芳。

书包里的"武器"

西藏军区拉萨八一学校　代伟

在一个秋季学期,作为高一的班主任,我接手了一个新班级。

班级里有一个学生叫小虎,藏族。刚入班时小虎的学习成绩和行为习惯较差,经常在校外与别人打架。每天,他的书包里几乎看不到书本,取而代之的常常是扳手、榔头等物品。每次发现他书包里的危险物品,我都会没收,然后转交给他的家长,并提醒家长注意关注孩子的动向,防止安全事故发生。

我多次找小虎谈心,小虎告诉我,他初中时在校外结怨太多,现在上高中了,这些"仇家"总是要找他麻烦,经常在上学路上堵他,他得时时提防着。因此,书包里常常备着扳手和榔头等物品。我告诉他,冤家宜解不宜结,以后再遇到他们的挑衅,要学会保护自己,用正确的做法解决纠纷而不应该去打架或者冤冤相报。这样不但不会解决问题,反而会激化矛盾,甚至引起更大的伤害,对双方都不利。

小虎表面上答应我,说以后不会这样做了,并表示要好好学习,把心思用在提高成绩上。然而,我仍能不时地从他的书包里发现违禁物品,看来小虎的心思还是没有回到学习上。

冬天,一个星期六的晚上,学生早就放学回家了,天几乎黑透了。突然有人敲门,我打开门一看,原来是小虎,他要向我借300元钱。我感到很纳闷,之前小虎从来没有向我借过钱。问其原因,原来,上星期小虎在校外与别人发生了冲突,双方邀约这周六下午在海关附近"解决"。为了不吃亏,小虎事先找了外校和社会上的一帮哥们(大约有十二三个)帮他出面,但不曾想对方爽约了,小虎叫来的哥们一直等在海关附近。现在天黑了,这帮哥们急了,要小虎拿钱出来吃饭和回家,否则就要打小虎。小虎没有办法,又不敢告诉家长,万般无奈下,只有回学校找到了我。我了解了事情的原委后,打电话把情况告诉了小虎的爸爸,让他立即赶到学校来。同时,我通知了学校保卫,让小虎带路,一起到了海关附近的健身场。那帮孩子看见我们到来,一下散开。我把他们叫住,首先替小虎向他们说了对不起,让他们这么晚回不了家,天气这么冷,还饿着肚子,也让家长担心了。告诉他们抓紧时间回家。紧接着,我问了他们的大概住处,安排相对较近的几位孩子一起打车,并提前支付了打车费用。我和学校保卫带着小虎在回学校的路上,遇到了来接小虎的爸爸和家人。

小虎的一场困境化解了。

第二周的星期一,小虎一来学校就找到我,主动承认了上周六的错误,并对我说了声"谢谢"。他告诉我说,那天如果不是我出面保护他,给他解围,他可能就被打了,后果不堪设想。他说,以后真的不会再去干这样的事了,并表示要好好学习,争取能考上大学。我感受得到他语气的坚定,相信他一定不会让我失望。我伸出手,在他的肩上拍了拍。说道:"老师相信你,你一定能做到的!"

果然,从此以后,小虎像变了一个人似的。他开始上课认真听讲,作业做得非常认真,平时的班级事务也积极主动参与。以前的小虎与班上同学的关系处理得不太好,同学们不喜欢他。现在,小虎的书包里再也没有发现"武器",小虎主动回归了班级,也逐渐得到了大家的认可,人际关系也慢慢融洽起来。在学习上,小虎不断进步。

三年后的高考,小虎考出了理想的成绩,上了一所心仪的大学。

大学毕业后,小虎考上了公务员,现在在某市政府机关工作。

案例分析及教育管理建议

案例主人公小虎刚入班时学习成绩和行为习惯都很差，书包里都是危险的"武器"，经常在校外与别人打架。老师经常找他谈心，但是效果不佳。直到教师将小虎从因约架对方"爽约"而可能被自己的"兄弟们"殴打的困境中拯救出来，师生之间相处的状态才发生改变。经过这件事后，小虎的价值观得到重塑，在生活和学习上都改头换面，找到了自己的人生方向。

教师应通过平等、真诚的方式让学生信服。学生具有"先信其人，后信其道"的特点，只有他们感受到教师的真诚与理解，感受到教师的用心良苦，此时互惠原则才会发挥作用。在这种情境下，学生会用心去体会教师的行为，从而对教师所传授的道有发自内心的信服。正是因为教师以朋友和家人的方式化解了小虎的危机，加上平时向他传递正确的价值观，帮助他完成青春期的认知改变，才让小虎主动反思自己的行为并且认错，从这件事中总结了经验教训，最终改善自己的言行。

学生的目标一定要他自己经过艰苦的摸索，然后才能在心里坚定下来。无论教师和家长多么用心良苦、谆谆教导，都是一个外部的作用。外因是条件，要通过内因起作用。当小虎真正从内心意识到自己的错误时，才会痛定思痛，并下定决心好好学习。此时，教师的帮助和指导会发挥更大的作用。同时，我们也要思考小虎之前经常打架的原因。中学阶段学生，缺乏足够的自控力，对事物的认识还很片面和浮于表面，对许多问题的处理有一定的局限性。因此，如果教师教育不力，或不良的外在因素比较强烈，就容易产生打架斗殴和破坏纪律等不当行为。

　　苏联杰出的教育家马卡连柯说过："任何天生的犯过失的人，任何天生的不良性格，是绝对没有的。"人性本善，就看他所处的环境如何造就他。因此，为了更好地帮助学生成长成才，教师要努力提高自身素质，积极推动和引导家长参与学生管理；指导学生正确交友，建立良好的同学关系；为学生健康成长营造好的环境。

少年洛桑的成长故事

西藏军区拉萨八一学校　伍帅[1]

洛桑是一个有特殊成长经历的孩子。

小洛桑出生在拉萨市曲水县的一个普通藏族家庭，刚出生的小洛桑被检查出患有先天性心脏病。这个病对于在西藏出生的婴儿来讲，并不是一件新鲜事。父母立即把小洛桑带到医院医治，但随之而来的是小洛桑被检查出还患有多种疾病，体质十分虚弱。

光阴似箭，步入高中的洛桑长成了一位清秀帅气的大男孩。第一次见到洛桑的时候，他给我的印象是真诚、懂礼貌，谦逊的言语彰显出这个大男孩温顺的性格。转眼间，高二的学习生涯已悄然开启。这是高中学习的关键阶段，也是学生们热血澎湃的青春期，是叛逆、打架、抽烟、早恋等问题层出不穷的阶段。于是，很多老师都在提前给个别学生打"预防针"，担心学生在最为关键的阶段松懈下来，影响学业。而洛桑却是一个让我十分放心的学生，新学期开始他身上依旧保持着诸多优秀的品质，更加积极地参与班级管理和集体活动。

---

[1] 伍帅，男，汉族，四川民族学院理学学士，西藏军区拉萨八一学校中学二级教师。

8月的高原，空气中的含氧量多了起来，让人感觉十分舒适。这个时候，一个爱心组织资助洛桑到北京医治心脏病。很快，传来了洛桑手术成功的消息。我和班里的同学都翘首期盼着洛桑早日回到校园里一起学习。可是没多久，我发现从北京回来的洛桑好像变得有点不对劲。他上课走神，性情浮躁，参与集体活动也不像以前那样有激情了。我原以为是洛桑刚刚做完手术的原因，身体还需要一段时间来康复。于是，班级的很多事情我都安排其他同学协助完成。

转眼两周过去了，洛桑的状态仍然不如从前，我便找他谈心，可是每次谈心，洛桑总是欲言又止地对我说没事。周末，有老师向我反映洛桑陷入了早恋。原来，洛桑先前与班上的一个女孩谈起了恋爱，后来两人分手了。然而，在洛桑到北京治病期间，同学间又传出了洛桑与这个女孩的流言。洛桑听后，心里很难受，消极的情绪影响了学习和生活。

"你先把心里的麻团解开，把所有的流言蜚语全部放下，尝试着把心思重新投入到学习的主线上，你的困扰一定会减少许多。"周一放学后，我把洛桑叫到办公室，单独对他讲了这些话。虽然话语间并未戳破洛桑的早恋问题，但他理解了我话中的意思，笑着回答道："没有问题！"我也笑了。

不久，一个乐观向上的洛桑又回到了大家的视野之中。

案例分析及教育管理建议

洛桑是一个从小体弱多病（患有先天性心脏病），性格温顺谦逊的学生，在高二这个学生们打架、抽烟、早恋等问题层出不穷的青春期，他也一直保持品学兼优。但是洛桑从北京治病回来后，因为受之前早恋流言影响，开始变得上课走神、性情浮躁，也不积极参与集体活动了。教师了解情况后，私下通过委婉的方式开导洛桑，将乐观向上的洛桑找了回来。

青春期阶段的青少年发育迅速、精力旺盛，但他们的心智还远未成熟，所以他们的情绪敏感多变，容易冲动，可能会做出许多影响学业的不适当行为。洛桑在面对流言蜚语时，没能有效地应对，导致自己被消极情绪笼罩，从而表现出了一系列不适当行为。因此，教师要及时与情绪不稳定的学生进行沟通，关注学生情绪变化，并且在沟通时给学生留面子，表达对学生的理解，帮助他们解开心结。

面对青春期早恋问题时，采取正确的处理方法能够收到事半功倍的效果。教师和家长既不用惊慌失措，也不可掉以轻心，要善于站在学生的年龄特征上去思考问题。教师首先不要有枯燥的说教，应该把道理渗透在大量的案例和真实的材料中，这样才能激发学生强烈的求知欲和兴趣；其次，对敏感问题不回避，正面解答、正面引导，学生才能够坦然接受；再次，需要了解学生们青春期的特点与需求，引导他们进行合理表达；最后，还需要给他们提供更多的社会关怀和宽容，不能够站在学生们的对立面。

考茨基认为"人是一种有性别的生物"。对于青春期早恋的学生，我们应该尽早普及性的知识和道德意义，从而帮助他们健康快乐地成长。在这个过程中，教师应加强班级管理，开展青春期心理健康活动，帮助学生树立正确的价值观。同时，教师也要发挥家长在青春期性教育中的作用。父母是学生的启蒙老师，家庭教育对青少年非常重要，教师和家长都是教育者和设计者，共同引导着青少年这一教育活动的真正主体。

多一点用心

西藏军区拉萨八一学校　代伟

学生之间发生纠纷是常有的事，解决纠纷是老师实施教育的良机，也是老师和学生深度交流的过程。

有这样一起学生纠纷，让我印象深刻。

小李是我们班的一位女生，她性格内向，性情孤僻，加之成绩差，有点自卑。

有一天早自习时，我听到教室里有女生的吵闹声，便赶紧走进了教室。看到我的出现，教室的学生都安静了下来。几个吵架的女生也暂时停下了争吵。经过简单了解，原来吵架的双方是小李和她的室友们。这时候所有人都注视着我接下来的行动。我意识到当面批评她们会影响到大家的学习，也会对学生的自尊造成伤害。于是，我平静地说道："请同学们抓紧时间读书，你们几个跟我去办公室。"

在办公室，我让她们分别解释吵架的原因。然而，她们却不断争辩，据理力争，试图把所有的责任推给对方。在这个过程中，我大概了解了事情的起因经过：小李昨天没有履行做值日的职责，没有扫地，导致寝室评比被扣分并被通报批评了。本寝室的其他几个人就和小李发生了激烈争吵，以致矛盾激化。

我说道:"我希望你们都能从自身的角度去寻找问题,想好了再来找我。"她们都不再吭声,低头不语。我离开了办公室,向其他知情的同学了解了事情的原委。原来是因为小李的成绩不好,被同寝室的同学排挤。因此,轮到自己做值日时,小李就故意不扫地,借此表达自己的不满。了解事情的起因和经过后,我觉得需要找小李和寝室的其他同学分别做思想工作,否则问题得不到根本解决。

我再次来到办公室,用商量的语气问:"你们说说今天的问题怎么处理?自己又错在哪里?"她们你看看我,我看看你,都没有说话。我说:"既然大家都不知道自己错在哪里,那老师就先不处理,等你们都想好了再来找我,现在先回教室上课吧!"

上午,我先找小李进行了开导工作,既要让她认识到自己的错误,又要让她从自卑的阴影中走出来。稍后,我做了其他同学的工作,告诉她们,同学间要相互友爱帮助,特别是同寝室的同学,对学习有困难的同学,大家应该伸出友爱的手,一起进步,一同提高。

下午,我再次把小李和她的室友叫到了办公室,小李主动上前对我说:"老师,是我不对,不该故意不扫地,连累了整个寝室。"其他几个女生见小李态度诚恳,也赶忙说:"老师,是我们做得不对!"我一看时机成熟了,就对她们说,"那你们能不能原谅彼此的错误呢?"小李赶忙说:"真的对不起,我不该故意不做卫生,拖了寝室排名,请你们原谅。"其他几个女生也说:"我们也不该故意疏远你,排挤你!"就这样,一场不可开交的纠纷在平静中解决了。

经过这个事件,我对处理学生之间的矛盾冲突有了不一样的理解。处理纠纷需要多一点智慧,同一件事情,不同的处理方法,可能会带来截然不同的结果。多一点用心,给学生一定的空间和时间,让学生自己去寻找问题所在,反省自我的不足,往往会取得意想不到的效果。

案例分析及教育管理建议

性格内向、孤僻自卑和成绩较差的小李没有履行做值日的职责，导致寝室评比被扣分并被通报批评，进而引发与室友在班级里争吵。教师在安抚好同学们的情绪后，通过询问其他同学，了解到事情原委是小李为了报复其他室友的排挤故意做出了不当行为。老师采取分头处理、各个击破、晓之以情和动之以理的指导策略，使同学们都认识到了自身的错误，巧妙地解决了这场火药味十足的纠纷。

管理学生靠的是"内功"，要能够将问题解决于无形之中。只要方法得当，即便学生受到了批评，也会欣然接受。在处理同学之间的纠纷时，教师可以采用将问题先放置一段时间的方式，让学生学会自我管理和自我反思，从而化解冲突；也可以秉持公平公正原则，避免刻板印象影响教师自身对事情的判断从而引起学生的抵触情绪；还可以引导学生换位思考，让学生设身处地为他人着想，从而达到改正学生缺点，创建包容心态的目的。

内疚感是一个人进步的良好动力，知错－内疚－改正－进步－成长是个人的成长路径。在引导学生的过程中，一方面，教师要保护学生的自尊心；另一方面，教师要诱发他们对犯下的错误的内疚感，帮助他们改正错误。在本案例中，教师引导小李和她的室友主动认识到了自身的错误，使她们从内心深处为自己的行为感到内疚，最后在双方真诚的道歉中顺利化解了矛盾。当然，在处理同学间的摩擦事件时，教师要因事而异和因人而异，该小题大做还是大题小做要具体情况具体分析。教师可以先让学生们冷静下来，经过了解情况后，把解决问题的主动权交到学生手中。这样学生会很快释然，教师不用大费周折，更不用惊动家长，何乐而不为？这种大事化小，小事化了的做法，既给了学生自我成长的空间，又能达到理想的教育效果，可谓一举两得。

教师的目的不是打击和征服，而是教育和感化。对于品质问题和心理问题，教师既要重视又要谨慎，尽自己最大的能力帮助学生把人生路走好。

学习成绩很好的"问题少年"

西藏军区拉萨八一学校　代杰燕[1]

语文课上，老师正在讲解朱自清先生深挚感人的名篇《背影》。

"接下来，请大家谈谈自己的父亲。"老师说。刚才还七嘴八舌回答问题的学生们顿时哑然，在这片沉闷中，无奈的老师把殷切的目光投向了语文课代表李希。李希是一个长相俊美的男孩，浓密乌黑的头发，大而清澈的眼睛，眉毛浓黑，鼻梁高挺。他从小就喜爱读书，口头及书面表达能力也明显比其他同学略胜一筹。

李希慢慢起身，小声说了句："我没有父亲。"

顿时间，教室更加安静了……下课铃响了，清脆的铃声打破了教室的沉寂。

原来，李希两岁时，父母离异，自此他没见过父亲，脑海中也没有父亲的任何印迹，所以才说"我没有父亲"。

此后，语文老师更加关注这位课代表。单从学习而言，这是一位聪慧的学生。他有较明确的学习目标并能自觉学习，成绩优秀。他对老师彬彬有礼，与同学相处和睦。在很多老师心中，这是一个有大好前程的学生。可

---

[1] 代杰燕，女，汉族，西藏大学文学学士，西藏军区拉萨八一学校中学高级教师。

是，每每想到他回答"我没有父亲"时的平静与坦然，看到他课间与同学嬉闹时的灿烂笑容，老师都不由感慨：这个在单亲家庭中成长的孩子和在完整家庭中成长的孩子并无二致，他的妈妈该是一位怎样的母亲啊！

经过了解，李希的妈妈是位端庄秀雅的公职人员，衣着得体，举止大方，与老师交流时总是恭敬有礼。离婚后她独自带着孩子，既当爹又当妈，特别是对李希的学习要求很严格。而且，为避免孩子遭受二次伤害，她谢绝了许多男士的好意，独自一人抚养和教育李希。

在母亲的细心呵护下，李希在很多人眼里是健康、大方、优秀的学生，甚至让老师产生"单亲家庭的孩子也可以像完整家庭的孩子一样健康"的想法。但好多疑团还是不时浮上老师的心头：从法律上来讲，夫妻离异，孩子的父亲依然是孩子的父亲啊！可为什么李希说"我没有父亲"？这个问题不时出现在老师的心里……

不觉已是初二上学期，李希也长高了很多。渐渐地，老师发现，他不仅和品学兼优的学生谈笑风生，也和班上一些行为习惯差、学习成绩落后的学生打成一片。老师还发现，李希经常和这些学习成绩落后的学生到学校门口一家小卖部的楼上聚会。

又是一节语文课。正式上课前，老师问道："班上有48个人，听写本只交了45本，还有谁没交？"一会儿，陆陆续续站起来3个学生。老师气不打一处来，将目光转向了语文课代表："李希，你是语文课代表，每次听写务必清查清楚。""是。"李希礼貌地站起，平静地回答。

一直以来，老师对这位学习成绩优异的课代表信任有加。但有一次，批改完作业后，老师清点了作业本，发现只交上来44本，而李希之前却说全班交齐。一股怒火瞬间窜上心头，因为老师知道，这其中必有猫腻！

第二天，老师满脸怒容地站在讲台上，教室里鸦雀无声，同学们静静地等待着暴风骤雨的来临。"课代表，站起来！"在老师的点名下，李希站了起来，神色依然平静。

"作业本收齐了吗？"老师冷如寒霜的问话响起。

"收齐了。"李希回答得很干脆。

"齐了？"老师近乎咆哮起来，"全班 48 人，这里只有 44 本！"

她已然明白是李希利用课代表的职务包庇纵容了一些所谓的"哥儿们、姐儿们"。愤怒让老师失去了理智，她疾步走到李希身边，打了一下他的头。怒不可遏的老师转身回到讲台。"李希，这不是第一次了，你作为课代表，所作所为实在过分，你这是在破坏学风，扰乱班风！"在老师严厉的斥责中，李希一直垂头站立，不做任何解释。

两天后，一个宁静的夜晚，忙碌了一天的老师还在埋头批阅作文，突然接到李希妈妈打来的电话："老师，您好。"对方的嗓音有些沙哑，完全不似往昔清脆。还未待老师询问，对方又说："老师，我不知道你们南方人是否介意，我们非常介意摸打男孩子的头。老师，男孩子的头是不能随便摸的，更不能随便打。老师，您知道，我一个人带着孩子很不容易……"

这位有多年教学经验的老师突然懵了，脑袋一片空白，她没料到，那天对李希的责罚带来这么严重的后果。内心慌乱的她一时不知该说些什么，只是机械地道歉："对不起，对不起……"她清楚，在这时候，理亏的自己任何解释都是徒劳。放下电话，老师仍然感到后怕，更为自己一时冲动以不合理的方式教育李希而愧疚。但老师仍然觉得有些委屈：李希故意欺瞒，性质是多么恶劣啊！老师在这个孩子身上倾注了多少热情，耗费了多少精力，所谓责之深，爱之切啊！静静的夜里，老师辗转反侧……

这件事后，李希依旧担任语文课代表，但自那以后，他和老师之间只剩下了工作上的机械沟通，似乎双方面前都有一条不愿逾越的鸿沟。而李希依旧喜欢和那些习惯差、品行差的孩子交往，渐渐地，他开始抽烟、喝酒。但还好，他没放松"学习"这个主业，成绩依然在班上名列前五。

初三毕业，李希以不错的成绩考入内地某市一所重点高中。据说，高中的他，依旧抽烟、喝酒、谈恋爱，还曾受学校处分。他还在自己的 QQ 空间里发布一些与学生身份极不相符的文字及图片。可是，学习成绩依然不错……

案例分析及教育管理建议

案例中，教师对学习成绩优异、与同学和睦相处的语文课代表李希抱有很大的期望，但后来李希的所作所为让教师心情非常复杂。因为单亲家庭的原因，虽然李希的母亲已经做得很好了，但他也逐渐和一些有着不良行为的学生混在了一起，出现了辜负教师信任、包庇同学犯错的行为。教师在李希淡然包庇、公然撒谎的情况下与他发生了肢体冲突，以致后来因受到李希母亲的指责而感到愧疚万分、五味杂陈……

首先，对于李希这样单亲家庭的学生，教师应多关注他们的心理健康，给予学生关爱，在青春期的关键时刻为他们做出正确的引导。李希从品学兼优的好学生转变为教师眼中的"问题学生"，原因在于他在得不到父亲照顾的情况下，更看重朋友间的义气，渴望得到同伴认可，于是有意包庇他们的不当行为，甚至故意变得吊儿郎当。此时，赏识他的教师极有可能会成为他抵触和排斥的人。要知道，在很多学生心目中，同学的接纳和认可与教师的赏识同样重要。

其次，教师应做好情绪管理和调节，防止与学生发生肢体冲突。每个人都要对自己的情绪负责，教师也不例外。教师应该保持平和的心态，本着教化的态度去面对学生的不当行为。南风效应告诉我们：真诚的鼓励和温和的劝导往往比粗暴的呵斥有更好的效果。教师应该对学生有更多的耐心，有时候耐心和宽容引起的道德震撼会收到意想不到的效果。

最后，师生之间的相互理解需要一个"时间差"，教育不会收到立竿见影的效果，所以教师切不可急于求成。学生在当下往往难以理解老师的良苦用心。学生的逆反心理往往使学生不能够进行换位思考，所以才会做出诸多与教师相对立的行为。对此教师心里会感到无奈和失落。但是，随着时间的流逝，教师的宽容和关怀总有一天会得到学生的理解和回报。同时，教师应积极改进和探索新形势下教育学生的方法。针对中学生的特点，要加强在提高认识、增强分辨是非能力方面的教育，可以通过亲师互动、演讲、辩论会、案例分析、听讲座和写读后感等多种方式，对学生中出现的集中问题进行分析讨论，从而更好地应对师生之间的冲突。

牵牛花开,同样精彩

西藏拉萨市特殊教育学校　多吉次仁[1]

人们经常将我们老师比作"园丁",培育祖国的花朵。然而,并不是每一朵花都有牡丹的华贵、玫瑰的芬芳、桃花的妖娆。很多时候,我觉得我的孩子们就是山边一棵棵顽强生长的小草,就是篱笆墙下悄然生长的牵牛花,不起眼,却用尽生命中所有的力气去绽放!

我是一名特教老师,深知特教工作的不容易。但我热爱这份工作,因为我身边有很多既可爱又聪明的折翼天使。我任教的班级是小学一年级聋班。我们的班里,有一个特别"调皮"的孩子,她叫德吉。

德吉比较任性,上课专注时间极短,总是不能静下心来听讲。进行活动时,她总是远离集体,沉浸在自己的世界里,或嚷着要去厕所,只有听到老师的斥责,她才稍微收敛一下,但很快又恢复原状。在活动中,她表现霸道,常常与其他学生抢玩具,或是打小朋友。甚至在课余时间,她还与高年级的学生打架,经常被老师叫到办公室进行教育。

德吉是一个特别且有个性的孩子。在课堂上,德吉一直捣乱,班级纪律

---

[1] 多吉次仁,男,藏族,苏州大学理学学士,拉萨市特殊教育学校一级教师。

难以控制，有时甚至无法正常上课。她所在的班级也成为了全校纪律最差的班级，既影响其他学生的学习和生活，也影响班级各方面的进步。但是，她聪明伶俐，手语及肢体语言表达能力强，上课经常不专心，但也能回答出问题。

作为任课老师，我仿佛感觉到了这位学生内心的封闭和压抑。我找了德吉的班主任了解她的家庭环境。原来德吉身患残疾，出生后不久就被父母抛弃，由一位年迈的奶奶收养。我的心久久不能平静，这孩子的心理问题和性格主要是受到了家庭因素的影响，我又该如何打开她的心扉去帮助她呢？

我决定采用"家校结合，行为消退"的方式，与奶奶协同配合，来展开对德吉的教育和引导。

首先，我进一步了解了德吉同学的家庭环境和成长过程。德吉的奶奶是一名清洁工人，家庭经济来源全靠奶奶一人微薄的工资，生活十分艰难。奶奶没有上过学，生活艰辛，无奈之余，也没少打骂德吉。

"被遗弃的孩子，由年迈的奶奶收养、家庭经济困难、早期教育缺失……"，了解越多，心就越疼，同样是出生于新时期的孩子，德吉没有享受到温情与幸福，她犹如一棵奋力生长的小草，在暴风雨的洗礼中艰难存活。想到这里，我不禁潸然泪下。

在和奶奶深入交流之后，我们达成共识：冷静对待，以逐步减少德吉同学的"暴力行为"为目的，对其进行心理疏导与干预。德吉内心极度缺乏安全感，我们要为孩子建立安全的环境，让她内心深处有安全感。

德吉特别渴望别人关注她，很多"暴力行为"，也是想要获得关注的一种不恰当的表达方式。基于此，我与她建立朋友的关系，先给她买一些平时喜欢吃的零食，再给她买一些学习用品。我也经常与她聊天，分享小秘密，了解她的内心，让她感受到老师的关注与爱。

德吉很喜欢画画和舞蹈。在课堂上，我有意让她画有关课堂内容的插图；有时也让她跳舞给同学们欣赏。我从她的兴趣上引导她、教育她。她表现好的时候，我会给她奖励，鼓励她继续好好表现。

课后，我经常找她聊天，聊一些她感兴趣的话题。慢慢地，我看到了德吉眼中的渴望与高兴。在此基础上，我为她建立了行为评定表，要求她逐步减少不良行为，逐步增加良好行为。这样一周、两周、一个月过去了，我惊喜地发现：德吉同学真的进步了，她在优秀榜上的星星越来越多。

果然，在两个月后，德吉真的有了很大的变化，后来班主任还让她担任了班级纪律委员。

虽然每一次的纠正过程都是曲折的，但是我坚信只要我们不放弃，不失去信心，用心去解决遇到的每个问题，用耐心去等待，特殊孩子们肯定是有希望和会发生改变的。

在高原迟到的春天里，牵牛花开，同样精彩！

案例分析及教育管理建议

折翼天使德吉因天生残疾的原因，从小被父母抛弃，又经常受到收养她的年迈的奶奶打骂，没有享受到新时期家庭的温情与幸福。因此，她会故意做一些令人"讨厌"的事情来求得他人的关注，通过这种"病态"的手段来获得他人的"爱"。教师在发现德吉的情况后，结合德吉的天赋和兴趣，建立了行为评定表，使其逐步减少了不良行为，增加了良好行为。随着德吉行为一天天的改变，以前的问题学生消失了，一个积极乐观的天使出现了。

真情的师爱，温暖与滋润了学生的心。早期亲子间爱的交往，激发出个体最初的人性，形成个体最初始的美好体验。但是德吉从小被父母抛弃，从来就没得到过父母的爱。因此，她的情感体验是残缺的，这也就促使她通过暴力行为来寻求大家关注。此时，教师应该像父母一样呵护、关心、爱护她，与她建立情感上的共鸣，保持沟通联系，获得她的信任。这些行为会让她意识到自己是重要的，是必不可少的，有利于降低其不安全感和自卑感，进而愿意与老师成为交心的朋友。

每一句激励的话语都会给学生带来阳光，每一句粗暴的呵斥都会让学生脆弱的心灵备受打击。教师要善于发现学生时隐时现的闪光点，通过经常肯定和赞美学生，对学生表现良好的行为及时给予反馈和鼓励，正向强化其行为，让学生感觉到"其实我也有能行的时候"。此外，在教师当众表扬"差生"时，既激励了"差生"，也教育和影响了其他有心的同学。

教师也应该给学生创造受表扬和展现自我的机会，让学生尽可能多地去体验成功的快乐。对任何教育来说，家庭的参与和支持都是十分重要的，特殊教育也不例外。教师和家长应充分发挥学生的潜能，避免由于标签效应而限制某些学生的发展。教师可以通过行为疗法和为学生设置合理具体的目标，激励学生完成目标，协助学生找到自己的价值和建立自信。

小结

次旦，受原生环境影响，自卑、孤僻且学习态度恶劣。老师通过充满温情的关怀，逐步与其建立起信任关系，最终引导次旦走在了正确的道路上。小虎，学习习惯差，且经常与人打架。老师帮助其化解了因"爽约"可能被打的"危机"。从此，小虎从内心深处真正接纳了老师，并开始认真学习。洛桑，从小体弱多病，但一直品学兼优。后来由于早恋流言的影响，他变得上课走神、性情浮躁。经过老师的认真指导和启发，洛桑重新找回了曾经的自己。小李，性格内向、孤僻自卑，经常遭受同学的排挤，并因此与同学产生冲突。老师通过巧妙的处理方式，既维护了学生的自尊心又解决了问题。李希，成绩优异，但由于一直缺失父爱，他十分重视所谓的"哥们儿"义气。由于包庇事件，老师一气之下与其发生了肢体冲突，导致两人之间产生了嫌隙。还有德吉，因先天残疾被父母抛弃，后来经常被不知如何管教她的奶奶打骂。于是她经常采取一些过激的行为来博取关注。老师通过"家校结合，行为减退"的方法，积极与家长沟通，并注意鼓励和引导，最终帮助她改掉了坏习惯。

每个人生来就处于一定的环境之中，没有人可以脱离环境而独自存在。案例中的主人公或多或少也是因为环境的影响，才形成了现在的价值取向。

家庭环境对于学生的影响是最大的，它为学生的价值观和性格打下了基础，并且具有一定的稳定性。案例中的学生出现的种种问题，与他们的家庭环境有着莫大的关系。李希在特别小的时候就经历了父母离异，他从小与母亲生活在一起。尽管李希待人温和，成绩也很好，但也会与习惯和成绩不是很好的同学在一块玩。这很大程度上是因为父爱的缺失，导致李希特别珍视兄弟之间的情谊。德吉从小被父母遗弃，被年迈的奶奶收养，两代人之间观念和思想差距大，再加上奶奶的打骂，导致德吉的心理安全感较差，学习习惯不好也没有耐心。通过案例，我们可以看出，家庭环境的缺失总会给孩子的身心留下难以抹除的伤害。老师应当通过"家校结合，行为减退"的方式，重塑家庭关系，来帮助学生构建和谐和充满关爱的家庭氛围。

其次，学校环境对学生后续成长的重要性也是不言而喻的。老师和同学的态度、学风、校风，这些都在无形中影响着学生的成长。好的学校环境可以在一定程度上抵消恶劣的家庭环境带给孩子的影响。因此，和谐包容、积极向上的学校环境对于学生的成长十分重要。学校环境包括主要包括同学关系、师生关系和生活以及学习环境等。对于同学关系而言，处于青春期的学生心智极不成熟，容易冲动，这导致打架斗殴等暴力冲突事件频发。此时，老师可以成为这些冲突情绪的缓冲剂，帮助学生树立正确的交友观，并化解他们的冲动行为。除此之外，流言也是同学关系中不得不重视的现象，它会导致同学之间产生排挤与歧视，严重影响学生的身心健康。在案例中，洛桑在一系列的流言蜚语面前，没能够有效应对，导致其被消极情绪所控制，从而表现出许多不恰当行为。因此，老师应当对校园流言保持足够的警惕。

师生关系也是学校环境中极为重要的一环。老师是学习环境的营造者，也是主要的维护者。师生之间应当是一种亦师亦友的关系，学生在尊敬老师的同时，也应该给予老师充分的信任；老师在关怀学生的同时，也要注意方式方法，注意维护学生的自尊。本案例中，在对李希进行教育时，老师的方法欠妥，这导致师生之间的信任关系产生了裂痕。

学校的生活和学习环境对于学生而言也很重要。根据社会学习理论，学生会不自觉地模仿环境中具有榜样示范作用的行为，并反复强化自己的认知和动机，因此我们会经常看到某一个班级或者某一个寝室出现集体优秀的现象。老师在日常的教学过程中，可以通过树立榜样的方式来引导学生集体向上。在学校层面，可以通过营造良好的班风、校风，为学生提供一个积极、健康的学习环境。环境是个人成长的"土壤"，每个人都会从中吸取养分。好的环境能够"长"出挺立高耸的栋梁之才；恶劣的环境则会扭曲人的灵魂，让初生的幼苗过早夭折。学校、老师和家长应当认识到环境对于个人成长的塑造作用，密切配合，各司其职，为初生的幼苗提供成长的养分。相信在这样的"土壤"之上，所有的学生都能成长为参天大树！

关键词

- **社会影响理论：** 个体行为的改变来自于外在的社会诱导，包括他人或群体的影响等（Kelman, 2006）。
- **情绪调节：** 个体对自身具有何种情绪、情绪如何发生及怎样对情绪的体验与表达施加影响的过程（Gross, 2002）。
- **获得信任：** 他人对自己意图和行为形成一种积极预期，从而使他人愿意承担一定的人际风险（Rousseau, Sitkin, Burt, & Camerer, 1998）。
- **应用行为分析：** 依据行为主义的观点对课堂行为进行分析的方法，并就如何预防和处理不良行为提出具体的策略（Alberto & Troutman, 2009）。
- **请求家庭参与：** 请学生的家庭参与对严重的不良行为的管理。当学生有不良行为出现时，应当告知家长。假如不良行为持续出现，学校应与家长一起来制定方案，采用诸如依托家庭的强化程序，结合家庭和学校的力量对不良行为进行管理（Slavin, 2016）。
- **南风效应：** 源于法国作家拉·封丹的一则寓言故事：北风和南风想要比试威力，看看谁能把路人的大衣吹掉。北风先吹了一股冷风，结果路人为了抵御寒风的侵袭，把大衣裹得更紧了。与之相反，南风则徐徐吹动，在感觉到春暖上身的情况下，路人便脱掉了大衣。这则寓言告诉我们：

温暖胜于严寒，体现了仁爱管理的相关思想（逄晖，2001）。

◆**暂时隔离：**让有不良行为表现的学生暂时离开能够强化这一行为的环境（Slavin, 2016）。

◆**情绪和行为障碍：**表现为学习、人际关系、情绪控制和行为方面出现的障碍（Slavin, 2016）。

参 考 文 献

Alberto, P. A., & Troutman, A. C. (2009). Applied behavior analysis for teachers (8th ed.). Upper Saddle River, NJ: Pearson Education.

Bandura, A. (1977). Self-efficacy: Toward a unifying theory of behavioral change. Psychological Review, 84(4), 139-161.

Bandura, A. (2001). Social cognitive theory of personality. Personality & Social Psychology Review, 5(1), 33-51.

Batson, C. D. (1991). The altruism question: Toward a social-psychological answer. Lawrence Erlbaum Associates.

Block, J., & Kremen, A. M. (1996). IQ and ego-resiliency: Conceptual and empirical connections and separateness. Journal of Personality and Social Psychology, 70(2), 349-361.

Boekaerts, M., Pintrich, P. R., & Zeidner, M. (2000). Chapter 1-Self-regulation: An introductory overview. Handbook of Self-Regulation, 49(7), 1-9.

C. B. Ferster & B. F. Skinner. Schedules of reinforcement [M]. Appleton-Century-Crofts, 1957.

Cialdini, R. B., & Noah, G. J. (2004). Social influence: Compliance and conformity. Annual Review of Psychology, 55 (1), 591 - 621.

Crawford, E. R., Lepine, J. A., & Rich, B. L. (2010). Linking job demands and resources to employee engagement and burnout: A theoretical extension and meta-analytic test. Journal of Applied Psychology, 95(5), 834–848.

Decety, J., & Lamm, C. (2006). Human empathy through the lens of social neuroscience. The Scientific World Journal, 6, 1146–1163.

Deci, E. L., Koestner, R., & Ryan, R. M. (1999). A meta-analytic review of experiments examining the effects of extrinsic rewards on intrinsic motivation. Psychological Bulletin, 125, 627 – 668.

Dembo, M. H., & Eaton, M. J. (2000). Self-regulation of academic learning in middle-level schools. The Elementary School Journal, 100(5), 473–490.

Dobrow, S. R., & Tosti-Kharas, J. (2011). Calling: The development of a scale measure. Personnel Psychology, 64(4), 1001–1049.

Elkind, D. (1967). Egocentrism in adolescence. Child Development, 38, 1025–1034.

Festinger, L. (1957). A theory of cognitive dissonance. Stanford, CA: Stanford University Press.

Freedman, J. L., & Fraser, S. C. (1966). Compliance without pressure: The foot-in-the-door technique. Journal of Personality and Social Psychology, 4(2), 195–202.

Grandey, A. A. (2000). Emotional regulation in the workplace: A new way to conceptualize emotional labor. Journal of Occupational Health Psychology, 5, 95–110.

Greenwald, A. G., & Banaji, M. R. (1995). Implicit social cognition: Attitudes, self-esteem, and stereotypes. Psychological Review, 102(1), 4–27.

Gronlund, N. E., & Waugh, C. K. (2009). Assessment of student achievement. Journal of Experimental Psychology, (2), 163 – 181.

Gross, J. J. (2002). Emotion regulation: Affective, cognitive, and social consequences. Psychophysiology, 39, 281–291.

Hadwin, A. F. (2008). Self-regulated learning. In T.L. Good (Ed.), 21st century education: A reference handbook (pp. 175–183). Thousand Oaks, CA: Sage.

Halevy, N., Chou, E. Y., & Galinsky, A. D. (2012). Exhausting or exhilarating? Conflict as threat to interests, relationships and identities. Journal of

Experimental Social Psychology, 48(2), 530–537.

Harris, K. R., Graham, S., & Pressley, M. (2001). Cognitive strategies in reading and written language. In N. N. Singh & I. Beale (Eds.), Current perspectives in learning disabilities: Nature, theory and treatment. New York: Springer-Verlag.

Hinkin, T. R., & Schriesheim, C. A. (2008). A theoretical and empirical examination of the transactional and non-leadership dimensions of the multifactor leadership questionnaire (MLQ). The Leadership Quarterly, 19(5), 501–513.

Hochschild, A. R. (1983). The managed heart. Berkeley: University of California Press.

Kelley, H. H. (1967). Attribution theory in social psychology. Nebraska Symposium of Motivation, 15, 192–238.

Kelley, H. H. (1973). The processes of causal attribution. American Psychologist, 28(2), 107–128.

Kelman, H. C. (2006). Interests, relationships, identities: Three central issues for individuals and groups in negotiating their social environment. Annual Review of Psychology, 57, 1–26.

Lazarus, R. S. (1993). From psychological stress to the emotions: A history of changing outlooks. Annual Review of Psychology, 44, 1–21.

Lazarus, R. S., & Flokman, S. (1984). Stress, appraisal and coping. New YorkS: Springer, 117–126.

Locke, E. A., & Latham, G. P. (2002). Building a practically useful theory of goal setting and task motivation: A 35-year odyssey. American Psychologist, 57(9), 705–717.

Lokhorst, A. M., Werner, C., Staats, H., Van Dijk, E., & Gale, J. L. (2013). Commitment and behavior change: A meta-analysis and critical review of commitment-making strategies in environmental research. Environment and Behavior, 45(1), 3–34.

Macrae, C. N., Stangor, C., & Hewstone, M. (Eds.). (1996). Stereotypes and stereotyping. New York: Guilford Press.

Marcia, J. E. (1991). Identity and self-development. Encyclopedia of

Adolescence, 1, 529−533.

Mcclelland, D. C., & Atkinson, J. W. (1948). The projective expression of needs: I. The effect of different intensities of the hunger drive on perception. Journal of Experimental Psychology, 38(2), 643−658.

Parker, S. K., & Axtell, C. M. (2001). Seeing another viewpoint: Antecedents and outcomes of employee perspective taking. Academy of Management Journal, 44(6), 1085−1100.

Premack, D. (1965). Reinforcement theory. In D. Levine (Ed.), Nebraska Symposium on Motivation (Vol. 13). Lincoln: University of Nebraska Press.

Rabin, M. (1993). Incorporating fairness into game theory and economics. American Economic Review, 83(5), 1281−1302.

Rokeach, M. (1973). The nature of human value. New York: Free Press.

Rosenberg, M. (1965). Society and the adolescent self−image. Princeton, 3(2), 1780−1790.

Rosenthal, R., & Jacobson, L. (1968). Pygmalion in the classroom: Teacher expectation and student intellectual development (p. 47). New York: Holt, Rinehart & Winston.

Rousseau, D. M., Sitkin, S. B., Burt, R. S., & Camerer, C. (1998). Not so different after all: A cross−discipline view of trust. Academy of Management Review, 23(3), 393−404.

Schlenker, B. R., & Leary, M. R. (1982). Social anxiety and self−presentation: A conceptualization model. Psychological Bulletin, 92, 641−669.

Seligman, M. E., & Maier, S. F. (1967). Failure to escape traumatic shock. Journal of Experimental Psychology, 74(1), 1−9.

Vroom, V. H., & Yetton, P. W. (1973). Leadership and decision−making. University of Pittsburgh Press.

Weiner, B. (1985). An attributional theory of achievement motivation and emotion. Psychological Review, 92(4), 548−573.

Weiner, B. (1986). An attributional theory of motivation and emotion. Sssp Springer, 92(4), 159−190.

Weiner, B. (2010). The development of an attribution−based theory of motivation: A history of ideas. Educational Psychologist, 45(1), 28-36.

Withers, L. A., & Vernon, L. L. (2006). To err is human: Embarrassment, attachment, and communication apprehension. Personality & Individual Differences, 40(1), 99-110.

Zimmerman, B. J. (2000). Chapter 2-Attaining self-regulation: A social cognitive perspective. Handbook of Self-Regulation, 13-39.

Zimmerman, B. J., & Schunk, D. H. (2001). Self-regulated learning and academic achievement (2nd ed.). Mahwah, NJ: Erlbaum.

阿尔伯特·班杜拉:《社会学习理论(西方心理学大师经典译丛)》,陈欣银、李伯黍,译,北京,中国人民大学出版社,2015年。

查尔斯·E.贝克:《管理沟通》,康青等,译,北京,中国人民大学出版社,2009年。

褚宏启、张新平:《教育管理学教程》(第1版),北京,北京师范大学出版社,2013年。

黛安娜·帕帕拉、萨莉·奥尔茨、露丝·费尔德曼:《发展心理学》(第10版),李西营、申继亮、林崇德,译,北京,人民邮电出版社,2013年。

杰弗里·A.迈尔斯:《管理与组织研究必读的40个理论》(第1版),徐世勇、李超平等,译,北京,北京大学出版社,2017年。

兰德尔·柯林斯:《互动仪式链》(第1版),林聚任、王鹏、宋丽君,译,北京,商务印书馆,2011年。

林崇德、杨治良、黄希庭:《心理学大辞典》(第1版),上海,上海教育出版社,2003年。

罗伯特·斯莱文:《教育心理学》(第10版),吕红梅、姚梅林,译,北京,人民邮电出版社,2016年。

斯蒂芬·罗宾斯、蒂莫西·贾奇:《组织行为学》(第16版),孙健敏、王震、李原,译,北京,中国人民大学出版社,2016年。

斯蒂芬·罗宾斯、玛丽·库尔特:《管理学》(第13版),贾振全、郝玫,译,北京,中国人民大学出版社,2017年。

周三多、陈传明、刘子馨、贾良定:《管理学原理》(第7版),南京,南京大学出版社,2018年。